AF245473

AVENIR

DE LA

GUYANE FRANÇAISE

Paris. — Imprimerie de Pillet fils aîné, 5, rue des Grands-Augustins.

AVENIR

DE LA

GUYANE FRANÇAISE

PAR

M. PROSPER CHATON

ANCIEN CONSUL DE FRANCE AU BRÉSIL

PUBLIÉ DANS LA FEUILLE OFFICIELLE DE LA GUYANE

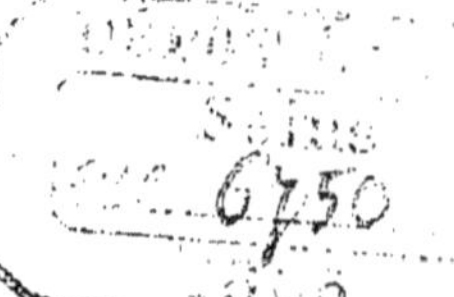

CAYENNE	PARIS
HARMOIS FILS & SIGUIER	TH. BOURSELET, LIBRAIRE
LIBRAIRES	25, RUE GUÉNÉGAUD

1865

EXTRAIT

De la Feuille de la Guyane (10 *décembre* 1864).

Sous le titre : *Avenir de la Guyane française*, M. Chaton, ancien consul de France au Para, a déposé, dans un travail qu'il a bien voulu nous communiquer, le fruit de ses études et de son expérience sur les nombreux éléments d'avenir que renferme la Guyane française.

Tout a été dit, sans doute, sur cet intéressant sujet ; la preuve en est précisément dans le grand nombre de citations empruntées par M. Chaton, soit aux statistiques, soit aux publications des hommes éminents ou célèbres qui se sont occupés des régions tropicales. Mais il ne sera pas, croyons-nous, sans quelque utilité pour notre beau pays, comme aussi pour les capitalistes et pour les familles européennes qu'un sort contraire engagerait à aller chercher au loin l'aisance par le travail, de donner à ces anciennes relations une publicité nouvelle. Le moment est opportun.

C'est cette considération qui nous a déterminé à insérer dans nos colonnes le travail de M. Chaton, en laissant toutefois à l'auteur la responsabilité comme le mérite de ses appréciations.

Ainsi, pour nous borner à un seul objet, s'il est vrai de dire, à un point de vue général, que « de l'association seule dépend l'avenir de la Guyane, » il convient de reconnaître que cette opinion ne saurait être exclusive de la fondation ou du rétablissement d'exploitations plus ou moins modestes et pouvant convenir à un seul industriel.

Quoi qu'il en soit, et sous la réserve formulée plus haut, nous croyons devoir ajouter que M. Chaton habite, depuis 1835, la région équatoriale comprise entre le Para et le Maroni, et que sa longue expérience du climat et du sol, son intelligente activité et ses aptitudes spéciales sont de nature à donner toute confiance dans la justesse de ses observations.

M. Chaton, disons-le en terminant, s'est beaucoup occupé de la Guyane ; il a puissamment concouru à signaler au pays les richesses ignorées de ses gisements aurifères.

AVENIR

DE LA

GUYANE FRANÇAISE

———

Cette question si souvent débattue, et qui a donné lieu à tant de controverses, ne pourrait-elle pas être élucidée et recevoir une solution qui puisse permettre à la métropole de se former une opinion précise sur cette région exceptionnelle à certains égards ? Quelques voyageurs ont pu exagérer ses ressources, tandis que d'autres l'ont rabaissée au niveau des pays les moins favorisés. Nous allons tâcher, par des faits et des pièces à l'appui, de la faire paraître sous son véritable jour, et nous laisserons au lecteur le soin de tirer une conclusion des documents que nous allons lui soumettre.

Au moment où tout semble présager une paix universelle, au moment où, à l'abri de cette paix, les capitaux vont se mettre à la recherche des placements avantageux, et à la veille surtout de voir la Guyane entrer en communication directe avec la métropole, ne semble-t-il pas urgent d'en faire connaitre les ressources ?

Quelle que soit l'utilité des produits indigènes ou exotiques de cette région, un volume ne suffirait pas pour en donner la description ; nous mentionnerons seulement quelques-uns des plus connus, et en particulier ceux qui pourraient offrir des avantages immédiats ; les uns gisant déjà dans ses vastes déserts, tels que : l'or qui se trouve, comme au Brésil, disséminé sur toute sa surface; les bois qui, pour l'architecture navale et civile et pour l'ébénisterie, rivalisent avec les plus estimés; le caoutchouc, la salsepareille, le copahu qui, quoique répandus aussi dans toute la Guyane, se trouvent en plus d'abondance dans les parties de notre territoire qui avoisinent l'Amazone. Tous ces produits que la Providence seule prend soin de faire croître, n'attendent que la main de l'homme qui un jour viendra les recueillir.

Nous parlerons aussi de quelques produits exotiques parfaitement acclimatés, et particulièrement de ceux que l'Européen lui-même peut obtenir avec une somme de travail comparativement minime, tels que : le café, le cacao, le coton, le roucou, etc.; nous consulterons les statistiques officielles, les observations météorologiques et les divers documents qui nous seront fournis par Humboldt, Malouet, le département de la marine, Schomburgk, de Nouvion, etc. Nous puiserons aussi chez MM. de Saint-Amant et Jules Le Chevalier, qui, en observateurs, ont résidé quelque temps à la Guyane, espérant, avec tous ces renseignements, être à même de nous former une opinion exacte sur la salubrité, le climat et la température de cette région.

Dans l'hypothèse où les partisans de la Guyane auraient dit vrai, nous devons avant tout reconnaître que de *l'association seule dépend son avenir.* A l'association seule il appartient, avec garantie de succès, de créer ces grands établissements agricoles que comporte la nature des produits tropicaux, et c'est probablement de l'adjonction des capitalistes d'Europe aux propriétaires déjà expérimentés que devra résulter le développement grandiose de ce vaste pays. La salubrité comparative de son climat, sa température très-supportable pour l'Européen, l'exubérance de sa végétation, utilisée par une agriculture bien entendue, l'emploi de la charrue et d'autres machines qui, en facilitant le travail, centuplent la force de l'homme, le grand nombre de ses cours d'eau, qui, en facilitant aussi les transports, seront un jour utilisés comme moteurs pour l'établissement des usines et pour l'irrigation, sont autant de motifs qui amèneront tôt ou tard ce grand développement.

La superficie du sol de la Guyane vaut bien la peine aussi qu'on la prenne en considération; car, même avec les limites restreintes qu'on veut bien lui assigner aujourd'hui, cette superficie est de cinq millions d'hectares, c'est-à-dire elle est :

35 fois plus grande que la Martinique;
32   «   «   la Guadeloupe;
23   «   «   Bourbon;
10 fois plus enfin que les trois autres réunies

Et encore cette étendue sera autrement grande, quand, reprenant nos véritables limites, elle ira de la rivière Vincent-Pinçon au Rio-Branco, ce qui donnera alors 120 lieues de côtes sur 300 lieues de profondeur, ou une superficie triangulaire de 28 millions d'hectares environ.

Quant à sa population, proportionnellement au sol et comparativement aux autres colonies, elle est actuellement comme suit :

> Guyane, 250 hectares par personne ;
> Bourbon, 2 hectares 1/2 par personne ;
> Guadeloupe, 1 hectare 3/10 par personne ;
> Martinique, 80 ares par personne ;
> France, 1 hectare 83 par personne.

(Extrait de l'ouvrage de M. Jules Le Chevalier.)

Consultons d'abord les divers documents relatifs aux produits, au climat et à la salubrité de la Guyane, base indispensable du développement des populations.

Nous trouvons en premier lieu l'opinion de Linnée, ce savant interprète de la nature, qui s'exprime ainsi en parlant des régions tropicales :

« L'espèce humaine a son habitation naturelle au sein des ré-
« gions tropicales, où les palmiers lui fournissent spontanément
« une riche alimentation ; elle s'établit artificiellement en dehors
« des tropiques, arrachant à une nature marâtre la chétive subsis-
« tance extraite des céréales. »

Cette phrase, éloquente par sa simplicité, renferme à elle seule toute l'histoire de la Guyane : son climat et ses produits spontanés doivent convier l'homme à s'établir dans ces régions privilégiées.

HUMBOLDT.

Le jugement que ce savant naturaliste a émis sur la Guyane ne peut être révoqué en doute ; car, Prussien de nation, nul intérêt ne pouvait l'exciter à faire l'apologie de possessions étrangères à son pays. Voici quelques extraits de son ouvrage intitulé : *Voyage aux régions équinoxiales de 1709 à 1804* :

« Bassin du Rio-Negro et de l'Amazone dans la Guyane.

« C'est le bassin central et le plus grand de l'Amérique du Sud.

« Il est exposé à la fréquence des pluies équatoriales ; le climat
« chaud et humide à la fois y développe une force de végétation
« à laquelle rien ne peut être comparé dans les deux conti-
« nents (t. 10).

« La fertilité est telle que j'ai vu sur un seul pied de bananier
« jusqu'à la nourriture journalière d'un homme (t. 7).

« Lorsqu'on réfléchit à l'immense quantité de végétaux propres
« à fournir du caoutchouc, on regrette que cette substance émi-
« nemment utile ne soit pas à meilleur marché pour nous (t. 7).

« Plus on étudiera la chimie sous la zone torride, et plus on aura
« occasion, dans quelque lieu reculé, mais abordable au commerce
« de l'Europe, de découvrir, à demi préparé dans les organes des
« plantes, des produits que nous croyons appartenir au seul règne
« animal, ou que nous obtenons par les procédés de l'art, toujours
« sûrs, mais souvent longs et pénibles. Déjà on a trouvé la cire
« qui enduit un palmier, le lait nourrissant du palo-de-vaca, l'ar-
« bre à beurre, la matière caséiforme tirée de la séve presque ani-
« malisée du papaya. Ces découvertes se multiplieront, lorsque,
« comme l'état politique du monde paraît l'indiquer aujourd'hui,
« *la civilisation européenne refluera en grande partie dans les*
« *régions équinoxiales du nouveau continent.*

« *L'imperfection des institutions politiques a pu, pendant des*
« *siècles, convertir en déserts des lieux dans lesquels le commerce*
« *du monde devrait se trouver concentré;* mais le temps approche
« où ces entraves cesseront d'avoir lieu. Une administration vi-
« cieuse ne pourra pas toujours lutter contre les intérêts réunis des
« hommes, et la civilisation va les porter irrésistiblement dans les
« contrées dont la nature elle-même annonce les grandes desti-
« nées, par la configuration du sol, par l'embranchement prodi-
« gieux des fleuves et par la proximité de deux mers qui baignent
« les deux côtes de l'Europe et de l'Inde (t. 8).

« La quantité de matière nourrissante qu'offre le sagoutier
« d'Asie (naturalisé à Cayenne) excède tout ce que donnent d'au-
« tres plantes à l'homme. Un seul tronc d'arbre, dans sa quin-
« zième année, fournit quelquefois six cents livres de sagou ou
« farine. Ce produit est triple de celui des céréales, double de ce-
« lui des pommes de terre. Les bananes offrent, sur la même sur-
« face de terrain, plus de matière alimentaire encore que le
« sagoutier (t. 8). »

Cet homme éminent a parcouru pendant l'espace de cinq années
toute la région qu'il décrit. Pendant ce long intervalle, il a été à
même d'apprécier le climat et les produits de ces contrées, et il en

conclut que bientôt l'excédant des populations d'Europe devra se porter irrésistiblement vers ces régions privilégiées. Certes, le juge était compétent.

MALOUET.

« Toutes les entreprises du gouvernement et des particuliers ont
« été faites avec la même inconsidération. La différence des pro-
« jets n'a porté que sur la préférence à donner à tel ou tel quar-
« tier, à telle ou telle rivière. Tel a été le plus célèbre et le plus
« désastreux de ces établissements dans la rivière de Kourou. Ce-
« pendant, les Hollandais ont, à cent lieues de nous, une colonie
« florissante : même sol, même climat, mêmes accidents de la na-
« ture ; tout s'y ressemble, hors les plans et les moyens d'exécu-
« tion. *Ce sont deux emplacements égaux*, où un architecte intel-
« ligent et un manœuvre ignorant ont bâti, avec la même dépense,
« l'un un palais magnifique, l'autre une chaumière misérable. »
(*Mémoires sur les colonies*, t. 3.)

MALTE-BRUN.

« Cette partie de la Guyane est plus saine que les deux autres
« (entre l'Approuague et la Mana) et présente les éléments de la
« plus grande prospérité. *Il n'y règne aucune maladie endémique.*
« La petite vérole n'y a paru que deux fois en vingt-quatre ans, et
« la fièvre jaune une seule fois depuis la fondation de la colonie.
« Le sol en est très-fertile. Le territoire de cette colonie renferme de
« vastes savanes dont les pâturages pourraient servir à fonder une
« branche d'industrie importante, en y élevant des chevaux et des
« bêtes à corne, dont il serait facile d'approvisionner les Antilles.
« La nature n'a pas traité Cayenne avec moins de faveur que
« Surinam. Mais *la puissance combinée de l'intrigue et de la*
« *routine* ont toujours enchaîné les hommes éclairés et entrepre-
« nants qui ont proposé les vrais moyens pour faire sortir cette
« colonie de sa trop longue enfance. » (Malte-Brun. *Précis de la*
géographie universelle.)

Malte-Brun, qui n'a certainement pas parcouru tous les pays qu'il décrit, a eu le soin, avant de consigner un article dans son précieux ouvrage, de puiser aux sources les plus authentiques, et il a dû donner sur la Guyane, comme sur les autres régions, le véritable résultat de ses investigations.

M. Noyer.

M. Noyer, ingénieur géographe, à qui on doit un travail très-important sur les bois de la Guyane, et auquel nous aurons à recourir plus tard, nous fait connaître quelques produits qui, et cela au détriment de nos populations d'Europe, demeurent encore enfouies dans ses vastes forêts.

« On trouve dans les forêts de la Guyane une grande quantité
« d'arbres à gomme, à résine, à baume, dont on pourrait utiliser
« les produits. On en retirerait en abondance la gomme d'acajou,
« celle de monbin, le baume de copahu, le baume de racoucini, la
« résine élastique ou caoutchouc, celle de courbary aussi belle et
« aussi pure que la résine copal, le many, qui donne une espèce
« de brai sec, le guingui-amadou, dont on extrait une adipocire
« qui sert à faire d'excellentes bougies.

« Ces forêts produisent aussi une grande quantité de fruits
« oléagineux.

« On y rencontre le vanillier grimpant sur le tronc des vieux
« palmiers, le quinquina.

« La médecine trouvera de riches moissons à faire dans les
« végétaux de toute espèce dont est couvert le sol fertile de la
« Guyane. Depuis l'Oyapock jusqu'à l'Araouary, les rivières sont
« pour ainsi dire vierges. Leurs rives sont peuplées de belles forêts
« où la cognée n'a point encore retenti. » (Noyer, ingénieur géographe. *Forêts vierges de la Guyane française.*)

Jules le Chevalier.

M. Jules Le Chevalier, qui a parcouru récemment ces régions pour en étudier le climat et les produits, s'exprime ainsi :

« Des études approfondies faites sur les lieux dans la plupart
« des colonies françaises et étrangères, comprises entre l'Equateur
« et le 18e degré de latitude nord, m'ont permis de constater les
« faits suivants :

« 1° Les régions équinoxiales, bien loin d'être à la veille de
« leur ruine, sont à peine à l'origine de la prospérité qu'elles
« peuvent et doivent acquérir ;

« 2° La culture du sucre et des autres denrées coloniales n'est
« pas la seule ressource de ces contrées ; tous les autres éléments
« de la richesse agricole et manufacturière y abondent ;

« 3° Les seules maladies endémiques à la Guyane sont les
« fièvres intermittentes que l'on rencontre, sous toutes les lati-
« tudes, partout où il y a des marais, des forêts vierges et des
« terres incultes. La fièvre jaune n'est pas connue à la Guyane.
« Les traditions historiques de la Guyane ne mentionnent ni
« ouragans ni tremblements de terre. » (Jules Le Chevalier. *Notes
sur la fondation d'une nouvelle colonie à la Guyane française.*)

M. DE SAINT-AMANT.

Voici comment s'exprime M. de Saint-Amant à l'occasion de la
Guyane :

« L'intelligence suprême qui présida à l'ordr. et à l'économie de
« notre planète a voulu que, successivement et non toutes à la fois,
« les diverses régions terrestres fussent sillonnées des sueurs et des
« misères de la race humaine.

« En décrétant les continents *en coupes réglées*, la Providence
« prétendit ménager des jachères à toutes les générations, de façon
« que chacune d'elles trouvât à son tour des réserves de terres
« vierges et intactes, engraissées séculairement par les détritus de
« la végétation et des animaux, tandis que d'autre part, à la suite
« d'une trop longue occupation, la stérilité et l'épuisement avaient
« gagné le sol paternel et primitif.

« L'aspect de la côte orientale de ces sables de l'Arabie appelée
« *heureuse*, et qui fut le berceau du genre humain, n'explique que
« trop bien comment ne sont pas rafraîchissantes les haleines qu'on
« y respire. Cet Eden, paradis perdu, terre arrosée des premières
« larmes de l'humanité; ce moka, dont nous savourons la fève
« embaumée, n'offrent plus à l'œil que des plaines desséchées et
« arides, où semble se cacher, ou pour mieux dire se faner, toute
« espèce de végétation.

« De nombreuses populations vécurent pourtant dans ces con-
« trées ; aussi sont-elles épuisées et ne compte-t-on plus, sous ces
« rares oasis, que très-peu de descendants de ces races éteintes ou
« émigrées. »

Et plus loin : « Cette brise du large arrive, disons-nous, avec
« une exactitude parfaite, et plus le soleil monte au zénith, plus

« elle semble attachée à compenser l'ardeur de ses feux ; on la res-
« pire dans la ville de Cayenne et sur toute l'étendue des côtes avec
« la même pureté qu'en pleine mer.

« A ce don providentiel qui inonde toute l'année les côtes orien-
« tales des haleines de la mer, tient la grande salubrité du littoral
« de la Guyane. » (De Saint-Amant. *La Guyane française*.)

SCHOMBURGK.

« Je reviens sur l'importance dont serait la culture du coton en-
« treprise en grand dans la Guyane, où les terres voisines des
« côtes et une partie de celles de l'intérieur sont propres à en pro-
« duire les plus belles sortes. Des considérations politiques doivent
« rendre désirable de se prémunir contre le dommage qui résulte-
« rait pour l'Angleterre d'une diminution dans l'importation d'un
« article si nécessaire à ses manufactures, diminution que les con-
« vulsions intérieures des Etats à esclaves ou la guerre pourraient
« un jour occasionner. *Sous ce rapport, la Guyane est le pays le*
« *plus convenable pour le développement d'une immense culture.* »

Nous venons d'exposer l'opinion de quelques observateurs très-
recommandables par leurs connaissances, examinons maintenant
les motifs qui ont pu les autoriser à penser ainsi.

Nous parlerons d'abord de la mortalité chez les militaires, comparativement aux autres colonies. Le tableau suivant nous donnera
le résultat d'une période de 29 années, de 1819 à 1847.

ANNÉES	MARTINIQUE			GUADELOUPE			GUYANE Française			SÉNÉGAL			RÉUNION		
	EFFEC-TIF	DÉCÈS	PROPORTION p. 0/0	EFFEC-TIF	DÉCÈS	PROPORTION p. 0/0	EFFEC-TIF	DÉCÈS	PROPORTION p. 0/0	EFFEC-TIF	DÉCÈS	PROPORTION p. 0/0	EFFEC-TIF	DÉCÈS	PROPORTION p. 0/0
1819 à 1827....,.	16,028	2,437	15,20	14,829	2,225	15,00	3,112	86	2,86	5,040	723	14,35	2,679	46	1,72
1828 à 1837......	22,854	1,721	7,53	21,143	1,412	6,68	5,879	188	3,20	5,248	993	18,92	6,860	284	4,14
1838 à 1838......	25,113	2,270	9,04	24,134	2,149	8,90	8,274	209	2,53	7,864	485	6,17	14,616	445	3,05

(Extrait du *Moniteur* du 21 décembre 1848.)

Nous voyons d'après ce tableau que, dans une période de 29 années, la moyenne des décès sur l'effectif a été dans l'ordre suivant :

Sénégal. . . . . 13,14 p. 0/0
Martinique . . . . 10,04 »
Guadeloupe. . . . . 9,63 »
Réunion . . . . 3,21 »
Guyane française . . . . 2,86 »

Et enfin, en comparant les colonies françaises et anglaises entre elles et leurs métropoles, nous obtenons les résultats suivants :

POSSESSIONS FRANÇAISES		POSSESSIONS ANGLAISES	
Sénégal.	13,14	Sierra-Leone	48,30
Martinique	19,04	Dominique.	13,74
Guadeloupe	9,63	Sainte-Lucie	12,28
Réunion.	3,21	Maurice.	3,05
Guyane française.	2,86	Guyane anglaise	8,40
France.	2,00	Angleterre.	1,70

(Extrait du *Moniteur* du 21 décembre 1848.)

A la Guyane française, les soldats qui veulent occuper leurs loisirs peuvent travailler pour les particuliers ; aussi voit-on parmi eux des jardiniers, des exploiteurs de roches à bâtir, des charpentiers, etc., etc., et l'on n'a pas remarqué que ceux-ci soient plus sujets aux maladies que ceux qui restent confinés au quartier. Cette circonstance les assimile aux ouvriers créoles, qui ne supportent guère mieux les ardeurs du climat.

Le résultat de ces trois tableaux est sans doute la réponse la plus formelle que l'on puisse adresser à ceux qui peuvent croire que la Guyane française n'est célèbre que par son insalubrité. Et cependant elle n'a que quatre-vingt-six centièmes de plus de mortalité que la France.

Le relevé d'un état de situation de l'hôpital de Cayenne pour l'année 1854, année ordinaire, nous donne le résultat suivant :

Fièvre paludéenne : traités	1,686	morts	18
Dyssenterie :	» 302	»	15
Colique :	» 29	»	0
Maladies diverses :	» 457	»	23
Total.	2,474	»	56

Pendant la fièvre jaune de 1855, qui n'a pas reparu depuis, le même hôpital donne 2,289 malades et 280 décès.

Enfin, la durée moyenne de la vie qui, en France, est de trente-deux à trente-trois ans, est la même à la Guyane. Ce chiffre est pris dans les déclarations de décès à l'état civil.

En traitant de la salubrité de la Guyane et de la possibilité pour l'Européen d'y travailler à l'agriculture, nous ne prétendons pas former une colonisation spécialement blanche; loin de là. Où prendrait-on ces millions de cultivateurs que la Guyane peut comporter? A moins que, suivant les aberrations de nos devanciers, nous ne veuillons coloniser avec des forgerons, des tailleurs, des doreurs, etc. Tout le monde sait que le laboureur français s'expatrie difficilement, témoin l'Algérie : on dirait qu'il se croit toujours attaché à la glèbe. L'Européen est destiné à diriger les immigrants, les africains notamment, naturellement très-soumis et très-sobres. qualités qui les distinguent éminemment des Indiens d'Asie, qui se font remarquer par les vices contraires.

L'Européen apportera avec lui l'usage de la charrue d'abord, et celui de tous les outils aratoires destinés en partie à remplacer les forces de l'homme.

Avant de passer à l'historique de la colonisation de la Guyane, pour démontrer les causes de son insuccès, nous allons donner le tableau des observations thermométriques prises journellement à l'hôpital de Cayenne.

Température moyenne de chaque mois de l'année.

MOIS	DEGRÉS CENTIGRADES
Janvier	26,37
Février	26,38
Mars	26,57
Avril	26,97
Mai	26,48
Juin	26,72
Juillet	27,03
Août	27,65
Septembre	28,31
Octobre	27,89
Novembre	27,55
Décembre	26,62
Moyenne	27,04

La température à la Guyane n'est certainement pas excessive ; seulement, il faut remarquer que, variant entre 22°, température de la nuit, et 32°, température de la journée, elle n'éprouve que 10° environ d'écart, tandis que dans les régions tempérées cet écart peut être du double dans l'espace de quelques heures.

La saison pluvieuse commence vers le 1er novembre et dure jusqu'au mois de juillet avec des intervales de beau temps souvent renouvelés. La quantité de pluie qui tombe est supérieure à celle des autres colonies ; elle est dépassée seulement par quelques localités de Saint-Domingue. Les observations donnent en résumé le résultat suivant comparé à la quantité d'eau qui tombe dans l'intérieur de la France. Une moyenne prise sur une période de dix années d'observations a donné cent cinquante-six jours de pluie par année.

France	0 mèt.	65 mil.		
Martinique et Guadeloupe	2 »	00 »		
Saint-Domingue (parties élevées)	3 »	77 »	à 5 mètres.	
Cayenne	3 »	00 »		

Les moyennes de la hauteur corrigée du baromètre se maintiennent presque toute l'année à 760 millimètres.

L'humidité de l'air atteint souvent 95 et 97, et ne descend pas au-dessous de 74. Elle est en moyenne pour l'année de 90,8.

Les tremblements de terre, les ouragans et la grêle sont inconnus à la Guyane.

PRÉCIS HISTORIQUE DE LA COLONISATION.

Dans le courant du seizième siècle, les bruits répandus en Europe sur la prétendue existence d'une ville opulente dans le centre de la Guyane française attira bon nombre d'aventuriers qui en furent pour leurs frais. Toutefois, ces fables ne furent pas sans quelque utilité, car elles contribuèrent à faire connaître la Guyane.

Ce fut en 1604 que quelques Français, sous les ordres de La Ravardière, se fixèrent dans l'île de Cayenne.

En 1626, sous le règne de Louis XIII, et plus d'un siècle après la découverte de la Guyane, vingt-six Français vinrent se fixer, comme agriculteurs, sur les bords de la rivière de Sinnamary.

En 1630, une centaine de nouveaux colons s'établirent sur les bords de la rivière de Counanama, à six lieues de la précédente.

En 1633, des négociants de Rouen, voulant tirer parti de ces établissements naissants, formèrent une société et obtinrent le privilége du commerce et de la navigation des pays situés entre l'*Amazone* et l'*Orénoque*.

En 1634, un certain nombre de Français, encouragés par les succès de leurs devanciers, s'établirent dans l'île de Cayenne et commencèrent à cultiver la côte de Rémire.

En 1635, les colons de Rémire construisirent, à l'entrée de la rivière de Cayenne un fort et une ville qui depuis est devenue le chef-lieu de la Guyane française.

En 1643, sous Louis XIV, les essais des négociants de Rouen n'ayant pas réussi faute de capitaux suffisants affectés à cette entreprise, il se forma une nouvelle société sous la dénomination de *Compagnie du Cap-Nord*. Comme celle qui l'avait précédée, elle obtint des lettres-patentes qui lui concédaient *tout le pays entre l'Orénoque et l'Amazone*. Une expédition composée de trois cents hommes, sous la conduite de Poncet de Brétigny, fut envoyée à la Guyane. Cet homme, qui ne possédait aucune des connaissances indispensables pour l'exécution d'une entreprise de cette nature, se rendit odieux à ses administrés, et finit par être massacré par ceux-là mêmes qu'il devait protéger. A la suite de cet événement, l'entreprise dut échouer.

En 1650, il se forma à Paris une nouvelle compagnie sous le nom de *France équinoxiale*. Elle était composée de douze associés que l'on nommait *les douze seigneurs*. Elle parvint à enrôler à Paris même sept à huit cents hommes qui possédaient toute sorte d'états, moins des agriculteurs. Ils s'embarquèrent, en 1652, sous le commandement d'un gentilhomme normand nommé de Roiville.

Les douze seigneurs conjurés poignardèrent en route de Roiville, et à leur arrivée dans la colonie, ils marchèrent sur les traces de Poncet de Brétigny, commirent toutes sortes d'excès et se détruisirent réciproquement.

La misère était à son comble parmi les colons. Une disette totale et le manque des objets de première nécessité occasionna la mort d'une grande partie d'entre eux, et les autres se dispersèrent.

Les attaques réitérées des Indiens Galibis forcèrent les débris de cette malheureuse expédition à se réfugier à Surinam.

A la fin de 1652, des Hollandais, sous les ordres de Sprenger, qui venaient d'être repoussés du Brésil par les Portugais, abordèrent l'île de Cayenne et s'y établirent, l'ayant trouvée sans possesseurs.

C'est à cette époque qu'il faut reporter l'introduction des premiers Africains esclaves ; car, depuis 1604 jusqu'à la domination hollandaise, le travail était fait par les blancs, seuls habitants de l'île, et quelques Indiens. Ces derniers étaient esclaves pour un temps illimité, tandis que l'Européen n'était lié que pour trente-six mois, aux termes des engagements qui se passaient en France.

En 1663, il se forma une autre association sous le même nom que la précédente; aidée par Louis XIV et dirigée par M. de Labarre, elle chassa les Hollandais de l'île de Cayenne. Cette nouvelle compagnie dut échouer, car elle ne pouvait disposer que du faible capital de 200,000 francs; capital nécessaire pour monter une maison de commerce assez médiocre quand il s'agit de chargements de navires.

En 1664, Louis XIV autorisa encore, sous le nom de *Compagnie des Indes occidentales*, une association beaucoup plus vaste avec un privilège de quarante années. Le gouvernement envoya encore M. de Labarre pour la diriger. Les colons français, au nombre de mille, travaillèrent paisiblement à défricher les terres. La colonisation réussit sous la prudente direction de ce chef intelligent et dévoué. C'est de cette époque qu'il faut dater la fondation de la ville de Cayenne.

Malheureusement la guerre vint arrêter l'essor que commençait à prendre cette nouvelle colonie.

En 1667, les Anglais s'en emparèrent; dévastèrent les plantations et la laissèrent en partie détruite.

A la fin de 1667, les Français reprirent leurs travaux agricoles, et dans peu la colonie vit ses pertes réparées.

En 1672, certaines données qui avaient fait concevoir aux Hollandais l'espoir de trouver de riches mines d'or à la Guyane, les portèrent à attaquer Cayenne avec onze navires de guerre. Ils s'en rendirent maîtres par surprise. Mais la France envoya, en 1674, l'amiral Destrée, qui força les Hollandais à se rendre à discrétion.

En 1686, quelques flibustiers, qui revenaient chargés des dépouilles des mers du Sud, s'y fixèrent et consacrèrent leurs capitaux à l'agriculture.

En 1688, un marin nommé Ducasse, réveillant les ressentiments des habitants de Cayenne contre les Hollandais, proposa, à titre de représailles, le pillage de Surinam, et entraîna presque toute la population. L'entreprise échoua, la plupart des agresseurs faits prisonniers furent envoyés aux Antilles, et la Guyane perdit la partie la plus laborieuse de sa population.

A la suite de ce désastre, la colonie languit jusque vers l'année 1716, époque à laquelle on introduisit la culture du café qui fut suivie de celle du cacao. De ce moment, la colonie entre dans la voie du progrès. La population, qui n'était en partie composée que de blancs, s'était accrue par l'introduction successive de noirs venus de la côte d'Afrique, et était, en 1740, composée de cinq cent soixante-six blancs, cinquante-quatre affranchis et de quatre mille six cents esclaves, formant un total de cinq mille trois cent dix habitants.

En 1763, le gouvernement français, voulant réparer la perte du Canada, porta de nouveau son attention vers la Guyane. A cet effet, douze mille colons volontaires furent recrutés en Alsace et en Lorraine, et furent installés aux îles du Salut et au quartier de Kourou. Mais, comme précédemment, l'oubli des précautions les plus indispensables, « l'imprévoyance qui se montra dans toutes » les mesures occasionnèrent la mort du plus grand nombre de ces » colons et entraînèrent une dépense, en pure perte, que l'on » n'évalue pas à moins de 30 millions de francs. De ces douze mille » individus, il ne revint en Europe que deux mille hommes dont » la constitution robuste avait pu résister à toutes les misères » réunies. »

Vers 1770, M. de Bessner organisa une nouvelle compagnie et soixante-dix soldats, acclimatés, furent envoyés sur les bords de la rivière de Tonnégrande, rive droite; mais la mauvaise administration de cette entreprise fit encore avorter un plan qui avait été très-bien conçu.

A la suite de tous ces revers, le gouvernement français qui, malgré tout, appréciait la Guyanne à sa juste valeur, fit choix d'un homme dévoué et qui réunissait les connaissances nécessaires pour l'exécution de ses plans : il envoya M. Malouet. Mais à peine cet homme eut-il terminé les études préparatoires, nécessaires à l'exécution de ses vastes projets, que le mauvais état de sa santé le força de quitter la Guyane.

Un nouveau plan de colonisation fut présenté par le baron de Bessner, qui avait pu mettre à profit l'insuccès de la première entreprise. Le gouvernement le nomma en remplacement de M. Malouet; mais en juillet 1785, sa mort inattendue fit évanouir toutes les espérances.

La révolution de 1789 arriva et amena avec elle la confusion et le désordre dans la colonie; l'abandon des exploitations agricoles en fut la conséquence toute naturelle.

La Guyane se traînait sous le coup de ses désastres quand on lui expédia les déportés du 18 fructidor, dont les envois successifs portèrent le nombre à six cents environ. Personne n'ignore que la plus grande partie de ces malheureux périt de chagrin, de dénûment et de maladies. C'est alors que prit naissance cette grande réputation d'insalubrité attribuée à la Guyane française. En effet, Barbé-Marbois et autres, qui eurent le bonheur de rentrer en France, pouvaient-ils faire beaucoup d'éloges du pays où ils avaient été assiégés par toutes les misères humaines? les désastres de Kourou et de Bessner survenus quelques années auparavant les secondaient à merveille. Aussi, les récits exagérés qu'ils ont fait sur la Guyane ont-ils pris de si profondes racines qu'il en coûte, un demi-siècle plus tard, de faire connaître la vérité.

En 1800, la colonie restait toujours accablée sous le poids d'adversités croissantes, quand tout à coup des corsaires armés à Cayenne vinrent lui rendre la vie; mais cette fortune éphémère produisit plus de mal que de bien en éloignant les travailleurs de la culture.

En 1808, alors que Napoléon était occupé à cette guerre terrible de la Péninsule, les Anglais, sous le masque des Portugais, s'emparèrent de la colonie qu'ils gardèrent jusqu'en 1817.

Le gouvernement français, qui, depuis Louis XIII, poursuivait toujours son plan de colonisation de la Guyane, s'appliqua à rechercher les meilleurs moyens pour arriver à une complète réussite. En 1820, il fit venir à grands frais des agriculteurs chinois et américains qui devaient, les premiers, introduire la culture du thé, et les derniers y appliquer le mode de travail des États-Unis, qui déjà marchaient à grands pas; mais, comme précédemment, les agents du gouvernement français avaient pris pour faire la culture du thé des hommes entièrement étrangers à l'agriculture; il en fut de même des Américains. Et comme les entreprises précédentes, celle-ci avorta.

Le gouvernement ayant échoué dans une entreprise savamment combinée, jeta de nouveau ses vues sur la colonisation blanche, et, en 1823, une expédition préparatoire fut envoyée à Mana. Mais les inconvénients de cette localité mal choisie forcèrent à l'abandonner et à renvoyer en France les travailleurs blancs.

Depuis cette époque, la colonie avait commencé un mouvement ascensionnel qui allait en grandissant quand les événements de 1848 vinrent encore une fois arrêter son développement par la cessation du travail.

On peut déduire de ces diverses tentatives de colonisation que, dès le principe, pendant un espace de cent quarante années environ, les blancs travaillèrent à la culture, et que leur insuccès ne fut dû qu'à des dissensions intestines, à des guerres à soutenir contre les Hollandais ou les Anglais, et d'autres fois surtout au manque de capitaux, et qu'enfin la déportation du 18 fructidor vint à propos servir les ennemis de la prospérité de la Guyane, qui voulurent bien attribuer au climat ce qui n'était que l'effet de causes purement politiques.

Nous pensons avoir démontré la salubrité relative de la Guyane et les causes de l'insuccès de sa colonisation; nous allons maintenant énumérer ses produits en donnant une idée des avantages que leur exploitation peut offrir.

Désignation de quelques-uns des produits de la Guyane française.

INDIGÈNES	EXOTIQUES ACCLIMATÉS
Agaves.	Arbres à pain.
Bois de charpente et d'ébénisterie.	Bananes.
Cacao.	Bétail.
Caoutchouc.	Café.
Colle de poisson.	Canelle.
Copahu.	Cocos.
Coton.	Girofle.
Encens.	Haricots.
Fève de tonkin.	Maïs.
Graines oléagineuses, carapa, ouabé, cocos, mucaya, ricin, pistaches, aoura, sésame, etc.	Muscades.
	Oranges et citrons.
	Pistaches.
Gomme copal.	Poivre.
Gutta-percha.	Riz.
Ignames.	Sagoutier d'Asie.
Indigo.	Sucre.
Manioc.	Thé.
Noix de touka.	Vétivert.
Or natif.	Voakoa.
Pommes d'acajou.	
Ricin.	
Roucou.	
Sagou.	
Salsepareille.	
Tapioca.	
Vanille.	

Emploi des divers produits de la Guyane pour les besoins de l'homme.

L'ALIMENTA-TION	LES VÊTEMENTS	LES TEINTURES	LES ÉPICES	L'ÉCLAIRAGE	LES PARFUMS	LA MÉDECINE	DIVERS USAGES
Arbre à pain.	Agaves diver.	Bois divers.	Canelle.	Carapa.	Encens.	Copahu.	Bois divers.
Bananes.	Bananier.	Indigo.	Girofle.	Aouara.	Fève de ton-kin.	Ricin.	Colle de pois-son.
Bétail.	Coton.	Rocou.	Muscades.	Cocos.	Vanille.	Salsepareille.	Caoutchouc.
Cacao.	Moucou-mou-cou.		Poivre.	Guingui-ama-dou.	Vétivert.	Thé.	Copal.
Café.	Vers à soie.			Noix de touka,		Et une infinité de plantes médicinales	Gutta-percha.
Cocos.	Voakoa.			Pistaches (ara-chides.			Or.
Haricots.				Ricin.			
Ignames.				Sésame.			
Maïs.							
Manioc.							
Oranges.							
Pommes d'a-cajou.							
Poisson salé.							
Riz.							
Sagou.							
Sucre.							
Tapioca.							
Thé.							

Dans la nomenclature qui précède, nous classons les produits de la Guyane en deux catégories : les *indigènes* et les *exotiques* acclimatés, nous les groupons ensuite selon leur emploi le plus usité pour faciliter le lecteur non initié aux produits tropicaux. Toutes les fois que cela sera possible, nous donnerons un aperçu de leur culture ou de leur manipulation, non pas pour donner une leçon au cultivateur, mais plutôt pour donner, à celui qui l'ignore, une idée de la simplicité de cett culture. Nous divisons ces produits en alimentaires, pouvant servir aux besoins de l'homme et quelquefois à ceux des animaux domestiques, en épices, en textiles propres aux vêtements de l'homme et à d'autres usages, comme le lin et le chanvre; en graines propres à l'éclairage, en produits propres à la médecine, tout en omettant de citer cette immensité de plantes médicinales pour la description desquelles un volume ne suffirait pas; enfin, en produits propres à la parfumerie. Nous ne négligerons pas les gommes et les résines, parmi lesquelles le caoutchouc et le gutta-percha sont appelés à jouer un rôle d'une haute importance, et nous réservons une place toute spéciale à l'exploitation des bois et aux ménageries.

Nous omettons dans nos descriptions les dénominations latines; car nous pensons que ces savantes classifications, qui ont immortalisé Jussieu, sont inutiles au but que nous nous proposons, qui n'est autre que de faire connaître tout ce qu'il y a de réel et de vrai concernant les richesses de la Guyane.

Le peu de certitude que nous possédons sur les produits du règne minéral ne nous permet pas de trop nous avancer sur une partie si importante. On sait que le naturaliste Schomburgk assure avoir trouvé de riches mines d'or dans les montagnes Tummucumaques, situées vers le centre de la Guyane, et à quatre-vingts lieues seulement du littoral.

Quant à l'argent, on sait que la montagne qui porte ce nom, à l'embouchure de la rivière Oyapock, ne doit cette dénomination qu'à la présence de ce minerai, qui fut exploité avec avantage sous les Hollandais. Une mine analogue paraît exister dans la direction du Camopy.

Le fer se trouve partout à la Guyane. Aux environs de la ville de Cayenne, l'on aperçoit le minerai à la surface du sol. Les essais qui en ont été faits en France ont donné 40 p. 100 d'un très-bon métal.

Le kaolin et l'argile permettent de fabriquer depuis la porcelaine jusqu'à la poterie la plus commune.

Il y a été trouvé des topazes, mais l'on n'y a pas encore découvert le diamant, et cela n'a rien qui puisse étonner, vu la difficulté qu'on éprouve à le reconnaître au milieu des fragments de roches, *opaques comme lui,* parmi lesquelles il se trouve. C'est en opérant le lavage du gravier pour obtenir l'or qu'on peut le ramasser. La pesanteur spécifique du diamant étant un peu plus forte que celle des roches qui l'entourent, c'est dans le fond des batées ou sébiles qu'il faut le chercher, en arrêtant le lavage au moment où les gros cailloux ayant disparu, il ne reste plus que des fragments de la grosseur d'un pois. Il suffit alors d'étendre ces graviers sur une table et de procéder à leur examen.

Nous débuterons par la question de l'or, le dernier produit qui ait été découvert à la Guyane, quoiqu'il en soit le plus ancien.

Comme on l'a vu précédemment, cette région avait, dès sa découverte, attiré l'attention des Européens qui, la jugeant sans doute par analogie avec le Pérou et le Mexique, avaient cru qu'il y existait des mines riches en métaux précieux. Les aventuriers ne s'étaient pas trompés ; mais, malgré la justesse de leur raisonnement, l'or qu'ils foulèrent aux pieds resta encore invisible pendant l'espace de deux siècles et demi. C'est en 1855 seulement qu'un Indien brésilien nommé Paoline, originaire du district de Mines générales, fit connaître d'une manière positive l'existence de l'or. Cet homme étant allé à l'Arataïe, un des affluents de l'Approuague, pour y recueillir de la salsepareille, fut frappé par l'analogie qu'il trouva entre les terres et les roches de ce quartier, comparées avec celles de son pays ; il fit des recherches couronnées d'heureux résultats. Paoline vint à Cayenne vendre la salsepareille, et, comme tous les mineurs de son pays, il faisait un grand mystère de sa découverte, quand le hasard le fit se rencontrer avec un habitant de Cayenne qui parlait le même idiome que le sien, et auquel il confia bientôt tous ses secrets. Celui-ci s'empressa de porter cette découverte à la connaissance du Gouverneur de la colonie, qui, bientôt après, envoya un homme intelligent sur les lieux. En effet, Paoline ayant accompagné cet émissaire, l'on eut bientôt la preuve matérielle de l'existence de l'or dans le quartier de l'Approuague.

Des recherches faites dans d'autres quartiers firent découvrir de nouveaux gisements aurifères non moins importants, notamment dans le quartier de Roura, à quelques kilomètres de Cayenne. Des exploitations particulières commencèrent bientôt sur ces deux points de la colonie, et la plupart, quoique dans l'enfance de l'art, ont réalisé et réalisent toujours d'assez beaux résultats. Mais, comme les autres exploitations, elles ont beaucoup à souffrir du manque de bras.

Il est bon de remarquer qu'à la Guyane, comme dans quelques localités du Brésil, l'or ne s'est trouvé, jusqu'à ce jour, qu'à l'état

de poussière plus ou moins fine, au milieu des alluvions, mais toujours mêlé à des couches plus ou moins épaisses de gravier, presque pur, qui repose sur une argile bleue ou blanche. Les terres
alluvionnaires couvrent ces masses de gravier. C'est de l'épaisseur
de cette couche de terre que dépend en partie la richesse du gisement aurifère, et cette épaisseur varie à chaque gisement que nous
appellerons *placers;* car, pour le moment, le mot mine serait im-
propre. L'épaisseur de cette couche de terre varie de un décimètre
environ à deux mètres. Un placer médiocre peut donner des résultats avantageux quand l'or se trouve presque à la surface; mais il
en est tout autrement quand il y a deux mètres de terre à retirer
avant d'arriver au gravier aurifère. Le rendement varie aussi à
chaque placer ; mais, d'après les résultats obtenus, l'on peut compter que, en général, ces exploitations donnent 10 francs environ
de bénéfice net par homme et par jour. Il en est, au surplus, de
l'or comme des diamants : il y a des jours heureux où un ouvrier
trouve une pépite de deux à trois cents grammes et même plus.

Le rendement actuel n'augmentera probablement que le jour où
des capitaux suffisants permettront d'attaquer hardiment le flanc
des montagnes pour en retirer les filons qui, à l'époque des grands
cataclysmes plus ou moins éloignés de nous, ont laissé échapper
les fragments que l'on ne trouve aujourd'hui que dans le fond des
collines, au bas des montagnes les plus abruptes.

On trouve bien de l'or incrusté dans les roches, mais celles-ci
sont toujours détachées et isolées ; c'est dans le quartz seulement
que se trouve le métal, et ce quartz demeure presque toujours
assis sur la couche d'argile, ou plus bas, mais à une petite profondeur.

En outre des parcelles apparentes d'or, le quartz en renferme
aussi que l'œil ne saurait découvrir et que le mercure seul peut
faire apparaître. Des essais ont été faits par plusieurs personnes,
et le résultat a prouvé que ce genre d'exploitation pourrait devenir
très-avantageux s'il était entrepris sur une grande échelle, avec
l'aide d'un bocard pour pulvériser la roche préalablement brûlée.
Jusqu'à ce jour, personne n'a osé attaquer ce genre d'exploitation
à cause des avances qu'il exige; des essais n'ayant pas été faits
d'une manière rigoureuse, nous ne pouvons, en ce moment, donner la proportion du métal avec le volume de la roche. Nous le répétons donc, des compagnies seules peuvent entreprendre de tels
travaux.

Une compagnie s'est formée en 1857, sous la dénomination de
Compagnie aurifère d'Approuague; mais l'exiguïté de son capital
avait empêché jusqu'à ce jour qu'elle se procurât assez de bras

pour travailler sur une grande échelle. Adjointe aujourd'hui à des capitalistes de la Métropole, et aidée de sa propre expérience, c'est à elle qu'appartiendront probablement et l'honneur et l'initiative d'un travail entrepris dans de vastes proportions, et les immenses bénéfices qui en résulteront.

Au moment où nous écrivons, la rareté des bras à la Guyane est cause que deux cents ouvriers seulement s'occupent de l'exploitation de l'or. Nous ajouterons que le prix de la journée d'un ouvrier exploiteur est de 5 francs environ, et cette dépense n'est que d'un tiers au plus quand on peut se procurer des immigrants. Espérons que la reprise prochaine d'une sérieuse importation de travailleurs étrangers améliorera, sous ce rapport, notre situation.

Abandonnant la question de l'or, nous allons tracer un aperçu des produits alimentaires du pays, en procédant par ordre alphabétique.

Arbre à pain. — Cet arbre, presque oublié à la Guyane, pourrait cependant être d'une utilité immense pour l'alimentation de l'homme et de quelques animaux. Il croît rapidement, produit immensément de fruits et ne demande aucun soin d'entretien.

Son fruit farineux a une grande analogie avec la pomme de terre, et sa grosseur est celle d'un petit melon. Il y a une autre espèce d'arbre à pain que l'on nomme *arbre à pain-châtaigne.* Ce nom lui vient de ce que le fruit, qui est renfermé dans une enveloppe égale en grosseur à la précédente, a la forme et un peu le goût de la châtaigne d'Europe ; il est farineux comme cette dernière. L'une et l'autre espèce conviennent particulièrement pour l'élève du porc. Cet arbre prospère sur toute sorte de terres.

Bananes. — Le bananier peut prendre le premier rang parmi les végétaux propres à l'alimentation de l'homme dans ces contrées. Rôti avant sa maturité, le fruit en est parfaitement farineux et très-nourrissant, il remplace le pain avec avantage ; c'est la base de la nourriture des classes laborieuses de Surimam, de Demerary et de l'Orénoque. Parvenu à sa maturité, il perd son caractère farineux pour prendre un goût des plus succulents. La culture de la plante ne consiste qu'à en coucher un plant sur le sol et à le laisser pousser. Au bout de huit à neuf mois, il produit un paquet ou régime composé de vingt à quatre-vingts fruits. La tige qui a produit ce régime meurt, et à sa place poussent des rejetons qui, chacun à leur tour, fourniront un régime. Au bout de deux ans, au lieu d'un pied, l'on a vingt ou trente tiges qui fructifient les unes après les autres, et tous les soins alors ne consistent qu'à couper près de terre les tiges qui ont produit et à les jeter sur les rejetons avec leurs feuilles ; c'est là tout l'engrais que cette plante demande pour exister perpétuellement.

Café. — Le café est une de ces denrées destinées à devenir l'occupation de l'Européen non acclimaté. Le terrain qu'on destine au cafier étant préparé, comme cela est indispensable pour toutes sortes de plantations, on met le plant en terre, et au bout de deux ans il commence à donner quelques grains ; à cinq, il est en bon rapport, et cela dure de quarante à cinquante ans. Pendant les deux premières années, il demande quelques sarclages ; mais, à partir de cette époque, les branches prenant de l'extension, les sarclages deviennent de plus en plus rares et ne sont plus nécessaires quand l'arbuste a fait sa croissance. Alors commencent d'autres soins trèspeu pénibles et qui consistent à supprimer les branches mortes et les gourmands. Pendant les deux ou trois premières années, le terrain peut être utilisé en plantant des bananiers ou du maïs. Les premiers leur servent d'abri. C'est des soins apportés dans la récolte que dépend le plus souvent la plus ou moins bonne qualité de ce produit. On compte ordinairement qu'un pied peut rapporter, en moyenne, un kilo par an, et un homme peut en soigner de six à huit cents dans le même espace de temps, laissant à un petit atelier, à part, le soin de la dessiccation. Un hectare de terre peut contenir de sept cents à mille pieds, les plants devant être plus espacés dans les meilleures terres que dans les inférieures. Le cafier donne deux récoltes par an.

Cacao. — Le cacao, un des produits les plus importants à cultiver, est aussi un de ceux qui appartiennent à l'Européen à cause de la facilité avec laquelle on entretient le cacaoyer. Mais, comme pour le café, la qualité de ce produit dépend aussi, en partie, de la manière dont il est desséché. Bien différent du café, quant à la qualité des terres, il ne doit être planté que dans des terres vierges et de première qualité, toujours mêlées de sable, tandis que ce dernier se contente de terres assez arides et rocailleuses. Plus que tout autre, la consommation de ce produit ne peut qu'augmenter depuis que M. Payen, par son analyse, a confirmé l'opinion déjà adoptée que le cacao renfermait des principes nutritifs supérieurs à tous les produits connus. Ces éminentes qualités, jointes à une saveur et un arome des plus agréables, ne peuvent manquer d'en faire un des principaux aliments de l'homme. Voici au surplus l'opinion émise par ce savant chimiste : « Ces amandes renferment les « principales espèces de substance organique, azotées, grasses, fé-« culentes, aromatiques, et de matières qui peuvent concourir uti-

« lement à la nourriture de l'homme. Le rôle que chacune de ces
« espèces doit jouer dans notre alimentation ne saurait aujourd'hui
« laisser aucun doute en voyant l'amande de cacao offrir, dans sa
« composition intime, deux fois autant de substance azotée que la
« farine de froment, vingt-cinq fois plus de substance grasse, une
« quantité notable d'amidon, une saveur et un arome très-agréables
« qui provoquent l'appétit; on est tout disposé à croire que ce pro-
« duit végétal est doué d'un éminent pouvoir nutritif : l'expérience
« prouve tous les jours qu'il en est réellement ainsi. »

La culture de cet arbre est excessivement simple, et, dans les
circonstances favorables, il produit à l'âge de trois ans; à cinq, il
peut être en bon rapport. Comme le café, il demande des sarclages
dans les premières années, mais il en dispense quand il a atteint
son développement. A partir de cette époque, toute végétation cesse
à l'ombre de son feuillage. Le sommet de l'arbre étant sensible aux
ardeurs du soleil, on a le soin de lui donner de grands arbres pour
abri. Quand il est en production, tous les soins consistent à entretenir la propreté dans les branches, et surtout à supprimer les
gourmands.

On peut planter environ mille vingt-quatre pieds par hectare, et
un seul homme peut entretenir deux hectares et demi ou deux mille
cinq cent soixante pieds. Or, comme chaque pied peut produire de
un à trois kilos ou deux kilos en moyenne, ce même travailleur
peut récolter cinq mille cent vingt kilos environ. Le prix de la
place de Cayenne se tient généralement à 1 fr. 10 cent. le kilo. La
province de Para, à cent et quelques lieues de Cayenne, en exporte
annuellement pour 4 à 5 millions de francs; une grande partie est
expédiée en France, où la consommation annuelle monte au delà de
cinq millions de kilogrammes.

Cocos. — Le cocotier, une des plantes les plus utiles à l'homme
par les différents services qu'elle lui rend, est malheureusement
bien délaissé à la Guyane, et cependant il prospère à merveille
quand on veut bien se donner la peine de le planter. A lui seul,
cet arbre privilégié fournit aux Indiens tout ce qui est nécessaire
aux premiers besoins de l'homme. L'amande lui donne sa nourriture et le lait pour préparer son riz. Une eau légèrement sucrée, et
qui est contenue dans la tige, lui donne, après la fermentation, une
boisson très-agréable au goût. Des filaments cachés dans les feuilles
lui donnent de quoi faire des vêtements. Ces mêmes feuilles lui
servent à faire des nattes dont il fait son lit, et avec lesquelles il
couvre et ferme sa case. La tige de l'arbre, enfin, lui fournit de
quoi remplacer les bois de charpente les plus durs.

Cet arbre se plaît principalement sur les plages arides des bords de la mer, et de préférence là où toute végétation cesse. Dans ce cas, point de défrichement; il ne s'agit que de faire une pépinière et planter en temps voulu. Cette opération consiste à se procurer des noix de cocos bien mûres et à les enterrer à moitié. On doit les arroser si la pépinière se fait dans l'été. Au bout de quatre à six mois, le germe étant sorti, on peut les planter à la place qui leur est destinée et qui est marquée par des jalons. On peut planter hardiment dans les endroits qui sont atteints par la pleine mer, mais à la condition que l'eau n'y séjourne pas, et l'on peut fixer la distance, entre chaque pied, à quatre mètres. On sait aujourd'hui que dans l'Inde, d'où ils sont originaires, ces arbres sont entassés par groupes serrés, ce qui ne les empêche pas de donner considérablement de fruits.

Une fois les cocotiers plantés, il ne reste plus qu'à attendre le moment de la récolte, et ce moment sera d'autant plus éloigné que les arbres seront plus distancés de la mer. En d'autres termes, ceux qui, parfois, seront touchés par l'eau de la mer fructifieront les premiers. Nous voyons, par un essai tenté sur l'anse du camp Saint-Denis, que des plants touchés par les ras de marée, ont montré les premières fleurs à quatre ans et demi, ont fructifié immédiatement et laissent paraître une nouvelle spathe tous les mois à l'aisselle de chacune des feuilles, c'est-à-dire autant de feuilles, autant de régimes. Les cocotiers que nous citons ont été plantés au mois de décembre 1859, et ont fleuri au commencement de juillet 1864. Il est bon d'observer que ces cocotiers sont de la plus grande espèce, c'est-à-dire de ceux que l'on croit généralement ne pouvoir pas produire avant quatorze ou quinze ans, erreur très-manifeste aujourd'hui.

Quand on réfléchit aux avantages qu'offre une plantation de ce genre, l'on demeure étonné que la partie du littoral analogue à celle du camp Saint-Denis ne soit pas depuis longtemps couverte de cocotiers. Espérons que l'exemple que nous venons de citer, et qui a la ville pour témoin, encouragera des cultivateurs à peupler des plages depuis longtemps désertes.

Cet arbre a cela de remarquable qu'il fructifie continuellement : pendant la sécheresse, pendant la pluie, toujours des fleurs, toujours des fruits. Il produit un paquet ou une énorme grappe tous les mois, et cette grappe donne vingt noix en moyenne, ce qui en porte la récolte annuelle à deux cent quarante. Le minimum du prix d'une noix étant à Cayenne de 10 centimes, le produit pour l'année se trouve être de 24 francs. D'après des expériences faites, il est démontré que la noix achetée à ce prix pour faire de l'huile peut laisser encore un bon bénéfice. Mais, en supposant que, n'importe pour quel motif, le prix de chaque noix tombe à 3 centimes au lieu de 10, et en admettant le nombre des cocotiers à six cent vingt-cinq par hectare, l'on aura 4,500 francs de revenu pour un travail presque nul.

Haricots. — Les haricots, quoique exotiques, réussissent à merveille dans le climat de la Guyane, avec cette différence que le vingtième jour on peut cueillir les haricots verts. Dans quelques provinces du Brésil, ce légume est la base de la nourriture de la classe laborieuse.

Ignames et patates. — On comprend dans ces dénominations plusieurs espèces de racines qui offrent plus ou moins d'analogie avec la pomme de terre. Les unes se distinguent par la finesse de leur goût et sont un aliment agréable pour l'homme; les autres, plus grossières, se font remarquer par leur énorme grosseur et par la manière dont elles se multiplient sans demander aucun soin. Celles-ci forment une immense ressource pour la nourriture des animaux domestiques et principalement celle du porc. La culture de ces plantes est si simple qu'il est inutile d'en parler ici.

Maïs. — Le maïs, qui peut facilement donner trois récoltes par an, vient aussi avec la plus grande facilité; on le récolte au bout de deux mois et demi à trois mois au plus. Le climat de la Guyane lui est on ne peut plus favorable. Le peu de travail qu'il exige pour sa culture permettra, dans un temps à venir, d'en faire un article d'exportation. Pour le moment, il est très-utile pour la nourriture des animaux; mais il n'entre pas encore dans l'alimentation de l'homme. Il est bon de dire, en passant, qu'à la Guyane, on ne sait pas encore ce que c'est qu'un moulin à meules en pierre, les habitants ayant trouvé plus commode de faire venir les farines toutes prêtes.

Manioc. — Encore un produit qui se trouve dans l'enfance de l'art. Le manioc est une plante annuelle qui donne une racine dont la forme a quelque analogie avec celle de la betterave, et c'est la râpure pressée et desséchée sur une plaque de fer qui donne, en grumeaux, le pain des pays tropicaux. Cet aliment, que l'on appelle *couac* dans le pays, manque à chaque instant; ce qui n'a rien d'étonnant à cause de la manière tout à fait primitive dont on le fabrique. Que l'on s'imagine une planche recouverte de fragments anguleux d'une pierre dure ou de fragments de fonte; telle est la râpe sur laquelle on passe la racine; que l'on s'imagine ensuite un boyau élastique fait avec l'écorce d'une espèce de jonc et dans lequel on met la râpure, c'est la presse. Ce boyau ou couleuvre étant gonflé par la râpure, on le suspend à une traverse et l'on attache des roches à l'extrémité inférieure. Telle est l'installation actuelle qui pourrait être remplacée avec un si grand avantage par une petite machine à râpe cylindrique et la presse la plus simple.

Le tapioca est la fécule que l'on retire de la râpure du manioc.

Cette plante, très-facile à cultiver, est très-robuste et se plaît dans les terres hautes. La racine a cela de remarquable que le consommateur peut la laisser plusieurs mois en terre après qu'elle a atteint sa maturité, et ne l'arracher qu'au fur et à mesure de ses besoins.

Oranges et citrons. — Nous eussions volontiers passé sous silence les oranges et les citrons, mais la supériorité des premières, comparées avec celles d'Europe, permettra sans doute, quand les communications seront devenues plus rapides, d'en faire un article d'exportation.

Les Etats-Unis nous prennent depuis longtemps les citrons; plus tard, ils prendront les oranges.

Poisson salé. — Les côtes de la Guyane sont excessivement poissonneuses, ce qui permettrait de faire des salaisons sur une grande échelle, afin d'en exporter le produit dans les colonies voisines et aux Antilles. Nos voisins du Brésil, mieux avisés que nous, tirent une faible part de ce que nous délaissons.

En 1861, les pêcheurs du Para ont emporté, dans quarante et une barques, soixante mille kilogrammes de poisson salé pêché sur le littoral ou dans les lacs Mapa. Ces lacs immenses fournissent spécialement le lamentin dont la chair a quelque analogie avec celle du porc et du bœuf, et le cury ou pirarucu des Portugais, qui remplace avec avantage la morue de Terre-Neuve. Le cury a cela d'avantageux, c'est qu'il peut se conserver un an dans le magasin le plus humide.

Ce n'est pas seulement pour le poisson que les pêcheurs du Para viennent de loin, c'est aussi pour la colle de poisson qui est très-recherchée.

Pomme d'acajou. — Ce fruit, très-insignifiant aujourd'hui, ne tardera pas à être bien recherché quand on aura connu son véritable emploi. Au Para, à nos portes, on fabrique, avec son jus légèrement sucré et très-abondant, un vin qui a un grand rapport avec celui d'Alicante. L'arbre qui produit ce fruit se trouve à l'état sauvage dans les terres les plus arides; planté, il vient dans tous les terrains et donne des masses de fruits à l'âge de deux ans. Il rend de plus deux récoltes par an.

Pour fabriquer le vin d'acajou, on pile les pommes, on en exprime le jus que l'on fait chauffer jusqu'à l'ébullition et on laisse fermenter dans une barrique défoncée. On le tire quand la fermentation est terminée.

Pour en obtenir l'alcool, très-estimé au Brésil, on distille avant que la fermentation soit terminée.

Une espèce de châtaigne qui, par une singulière anomalie, se trouve à l'extérieur, fournit une amande dont la finesse du goût dépasse celle de l'amande de Provence, et, par un singulier contraste, la coque contient une huile essentielle qui forme un caustique des plus violents.

Riz. — Le riz est un produit indispensable dans tous les établissements agricoles ; il sert non-seulement à composer des plats délicieux, mais il est aussi très-nécessaire pour l'alimentation des travailleurs : il pourrait devenir une bonne ressource pour l'exportation. Cette plante, qui exige tant de soins en Europe en demande très-peu à la Guyane, où les pluies du ciel remplacent les grands travaux d'irrigation pratiqués en Piémont. Le riz de ces contrées est excellent : il peut produire trois récoltes par an.

Sagou. — Nous avons vu plus haut ce que dit Humboldt du sagoutier d'Asie, dont un pied produit six à huit cents livres de farine; c'est l'espèce la moins répandue à la Guyane. Celle que l'on cultive quelquefois est une plante qui se reproduit d'elle-même comme le bananier. La racine dont la fécule produit le sagou est de la grosseur d'une carotte moyenne. Cette précieuse plante est très-vivace et ne demande aucun soin d'entretien.

Sucre. — La canne à sucre que tout le monde connaît est, quant à sa culture, tout ce qu'il y a de plus élémentaire : couper des tronçons d'une canne mûre, les laisser tomber sur une terre assez meuble, sarcler de temps en temps pendant l'espace de quatorze à quinze mois, couper la canne arrivée à sa maturité, la faire passer entre deux cylindres en bois ou en fonte, pour en extraire le jus ou vesou, faire bouillir ce liquide jusqu'au point où l'eau est en partie évaporée, voilà du sirop : ou bien, continuer l'évaporation jusqu'au degré déterminé par l'expérience et faire refroidir dans de larges caisses en bois, voilà le sucre qui cristallise avec le refroidissement. On reconnaît que le sucre est fait quand, en prenant une goutte de sirop entre l'index et le pouce, et en séparant doucement les deux doigts, la partie de ce fil que forme le sirop se recourbe en crochet en remontant vers l'index.

Le rhum ou tafia est fabriqué avec ce même vesou fermenté et distillé, ou bien avec les mélasses produites par le sucre quand il est dans les séchoirs.

Le vesou, pour fabriquer le sucre, doit être employé avant qu'il y ait le moindre principe de fermentation.

Cette dernière opération est soumise à des détails dont l'exécution demande une grande expérience, de grands établissements, et par conséquent de grands capitaux. Malgré toutes ces dépenses, le sucre produit ordinairement à la Guyane un rendement des plus avantageux.

Tapioca. — Le tapioca déjà bien connu en Europe est, comme nous l'avons dit plus haut, cette fécule retirée de la râpure du manioc. Le bas prix auquel on pourra l'obtenir, quand on aura établi sur de faibles cours d'eau des espèces de meuneries, permettra d'en faire un article sérieux d'exportation.

Thé. — Nous voilà encore en face d'un de ces précieux produits qui, à lui seul, pourrait faire la fortune de la Guyane à cause de son prix élevé, la facilité de sa culture et l'aptitude du climat. Quant à la qualité des terres, il se contente des plus ordinaires. Cet arbuste se trouve en Chine à l'état sauvage sur des tertres recouverts d'une terre légère.

Les Brésiliens ont depuis quelques années des plantations régulières de thé dont les produits commencent à être exportés en Angleterre. Ce sont les provinces de Saint-Paul, de Minas et de Rio-Janeiro qui ont débuté dans cette culture dont on attend de brillants résultats. Seulement, les Chinois chargés de diriger ces plantations se plaignent de ce que la température dans ces provinces n'est pas tout à fait assez élevée. Avis à la Guyane française.

Textiles. — En suivant l'ordre de notre tableau, nous arrivons aux matières textiles répandues avec tant de profusion dans la

Guyane. Les unes sont, par la finesse de leurs fibres, propres aux vêtements de l'homme comme les agaves, d'autres peuvent donner de très-bons cordages comme le voakoa, la piaçaba, etc., et la fabrication du papier de toutes les qualités peut trouver des ressources inépuisables dans le bananier, le barlourou, le moucou-moucou, etc. La pitre et l'ananas sauvage se font remarquer par l'extrême finesse et la force de leurs fibres, ainsi que par le poli qui donne aux étoffes le lustré de la soie.

Cette partie des produits de la Guyane n'attend que la main de l'industriel qui veuille bien l'utiliser pour l'empêcher de pourrir dans les forêts comme tant d'autres produits précieux.

Vers à soie. — Le ver à soie existe à la Guyane à l'état sauvage, et son produit est le même pour la qualité que celui des chenilles du midi de la France. Un propriétaire de cette colonie a démontré, par l'expérience, qu'on peut l'élever avec la plus grande facilité. Plus robuste que celle d'Europe, cette chenille ne craint point les injures du temps, et l'arbre qui la nourrit croît spontanément dans les forêts. Le mûrier, qui a été transporté d'Europe, se fait remarquer par la beauté de son feuillage.

La quasi-uniformité du climat de la Guyane ne peut que convenir à cet insecte qui craint tant les variations atmosphériques.

Coton. — Plusieurs années se sont écoulées depuis que le coton manque en Europe. On cherche, on s'informe, on fait des essais pour découvrir le pays fortuné auquel, à l'avenir, on pourra demander ce produit qui, à lui seul, occupait naguère des millions de bras et qui, depuis l'emploi de la vapeur, est devenu la matière la plus indispensable à l'homme, après les denrées alimentaires; cet article manufacturé est aujourd'hui la base d'un vaste commerce d'exportation pour les nations industrielles. En effet, l'emploi du coton a pris tant d'extension depuis le commencement du siècle, que nous voyons, d'après M. Louis Raibaud, l'Angleterre figurer pour quatre milliards de francs pour les produits manufacturés dans ses fabriques, et la France pour huit cent millions.

On dirait que toutes les recherches sont demeurées infructueuses et que nul pays n'a été jugé spécialement apte à remplacer les Etats-Unis. La Guyane seule est restée en dehors de toutes les recherches de la part des grands industriels; et cependant, on peut le dire hardiment, c'est peut-être la seule contrée qui soit appelée à remplir ce vide.

Que lui importe à elle que ce siècle se passe ou que vingt générations s'écoulent encore sans lui demander les richesses de son sol? A l'abri des ouragans et des tremblements de terre, elle attend paisiblement que les générations futures accomplissent les prédictions de Linnée et de Humboldt, en venant se ravitailler dans son sein.

Mais nous sommes ici dans l'erreur, un homme des plus éminents de notre époque toute industrielle, le baron Dupin, à l'occasion d'une pétition adressée au Sénat, a entretenu cette assemblée de l'aptitude toute particulière de la Guyane pour la culture du cotonnier. Il a prouvé que cette culture n'était pas une innovation et que, au contraire, elle était exploitée depuis longtemps avec avantage dans cette colonie ; il a démontré de plus que le coton de Cayenne avait toujours joui d'une grande réputation en Europe. Les chiffres étaient là ; mais ces arguments, exacts comme leur auteur, ont dû échouer devant cette funeste opinion qui, pour le malheur de la France, domine encore contre la salubrité de la Guyane.

M. Louis Raibaud, qui veut avec raison trouver le coton nécessaire pour arrêter les désastres occasionnés par la disette de ce produit, va visiter tous les pays du monde pour procurer cette grande ressource à sa patrie : il demande à l'Inde, à l'Afrique, à Madagascar, au Mexique, au Brésil, aux Célèbes et à l'Algérie ; et à la Guyane? Il n'y a peut-être pas songé... Et cependant M. Louis Raibaud, croyez-le bien, vous qui êtes si bien intentionné, la Guyane, c'est le pays que vous cherchez. Non pas seulement parce que c'est un pays français, mais parce qu'il réunit toutes les qualités que vous désirez, et à cause aussi de sa proximité comparative de la Métropole comme pays d'outre-mer.

Espérons que bientôt, dans leurs intérêts et dans l'intérêt général de la France, les industriels de la métropole, désabusés, jetteront les yeux sur cette région où les attendent les plus brillants résultats.

Le meilleur juge d'un produit étant le consommateur, que l'on prenne un prix courant du Havre et l'on verra le rang qu'occupe le coton de Cayenne. Le hasard nous met en main un prix courant de 1863, dont voici l'extrait :

Nous ne mentionnerons que pour mémoire le Sea-Island ou Géorgie longue soie auquel aucun pays ne dispute la finesse ; son prix était à cette même époque de 7 à 15 francs le kilogramme ou 11 francs en moyenne.

		fr.	c.
N°s 1.	Nouvelle-Orléans, prix moyen le kilogramme..	5	65
2.	Egypte..	4	75
3.	Cayenne...	4	70

fr. c.

Nᵒˢ 4. Pérou, prix moyen le kilogramme.................. 4 65
    5. Surinam... 4 55
    6. Maragnam et Para............................. 4 35
    7. Porto-Rico.. 4 50
    8. Fernambouc..................................... 4 35
    9. Guadeloupe et Martinique................. 4 20
Haïti et toute l'Inde, pour le plus beau............. 4 70

Conséquemment, le coton de Cayenne n'est dépassé en qualité que par la Nouvelle-Orléans et l'Egypte ; mais, à son tour, il laisse derrière lui sept qualités tirées de vingt et une provenances situées en Asie, Afrique et Amérique.

La Guyane française n'a pas seulement pour elle la qualité du sol, elle a de plus un immense territoire spécialement propre à la culture du coton. Elle a un littoral d'une centaine de lieues, exposé plus ou moins aux vents dominants qui soufflent de l'est au nord. Cette position est à peu près analogue à celle de la côte et des petites îles de la Géorgie qui fournissent le Sea-Island. S'il est vrai que celui-ci doive ses qualités à l'influence de l'air salin, pourquoi en serait-il autrement pour les parties de la Guyane qui se trouvent dans une position identique? Au surplus, l'expérience a prouvé qu'il en était ainsi, puisque les plus beaux cotons de la colonie viennent dans les quartiers qui jouissent de cet avantage.

Non-seulement le coton prospère à la Guyane sur le littoral, mais il prospère aussi, dans des mesures proportionnées, dans les terres hautes de l'intérieur d'où il est originaire. Seulement, c'est dans ce qui est récolté sur les terres du littoral qu'il faut chercher la finesse des fibres. Or, le littoral de la Guyane est en partie composé de terres salines, de terres d'alluvion qui naguère étaient submergées par la mer et qui s'étendent jusqu'à deux et trois lieues vers l'intérieur. Ces terres, d'une fécondité exceptionnelle, donneraient probablement une superficie de douze cents kilomètres carrés, ou cent vingt mille hectares dans le seul espace compris entre le Mahury et l'Oyapock.

En prenant pour moyenne de la production trois cents kilogrammes par hectare, quoique l'expérience d'un travail perfectionné chez nos voisins démontre qu'elle pourrait être du double, l'on aurait trente-six millions de kilogrammes, ou le quart environ de la consommation de la métropole. Pour des raisons faciles à comprendre, la France n'a pas besoin que ses colonies lui fournissent toutes les matières premières qu'elle consomme; mais peut-être pour celle-ci serait-elle intéressée à avoir son grenier d'abondance qui, en lui assurant un quart de la consommation, la mettrait pour l'avenir à l'abri d'une disette.

La culture du coton est si peu coûteuse à la Guyane qu'elle est surnommée la culture des paresseux.

Le cotonnier Sea-Island donne sa récolte cent vingt jours après que la graine a été ensemencée ; mais différent de celui des Etats-Unis, où il est annuel, l'uniformité du climat de la Guyane le fait devenir ligneux, ce qui peut-être n'est pas un mal, car alors on est dispensé de le remplacer tous les ans par un nouvel ensemencement, et on a en outre l'avantage d'avoir une qualité supérieure.

Il n'est peut-être pas sans utilité que nous donnions ici un aperçu de la dépense approximative qui pourrait occasionner une plantation de coton à la Guyane. Nous ne donnerons pas ces chiffres comme absolus, mais nous laisserons une large part aux éventualités. Nous allons supposer aussi une plantation cultivée par l'ancien système, c'est-à-dire sans la charrue. Il a été démontré qu'un homme, avec deux bœufs, fait par jour un travail égal à celui de trente travailleurs avec la houe, et, de plus, la terre est remuée à une bien plus grande profondeur.

Dépenses à faire pendant les deux premières années et premiers frais d'installation pour mettre en culture deux cents hectares de terre au moyen de cent dix travailleurs.

Une case à maître, magasin, hangar, cases pour les travailleurs, le tout construit d'une façon économique............ 30,000 fr.

Une machine à vapeur de trois chevaux, mise en place... 5,000

Cylindres à égrener et outils aratoires.......... 4,000

Dépenses pour l'engagement de cent dix travailleurs pour huit ans à 150 francs................... 16,500

Entretien, solde et nourriture de cent dix Africains pendant deux ans à 365 francs l'un.............. 80,300

Un régisseur.................................... 12,000

Un sous-régisseur............................... 6,000

Imprévu.. 50,000

203,800 fr.

Nous avons un capital de 203,800 francs pour frais d'installation et dépense des travailleurs pendant deux ans, examinons ce que deviendrait ce capital pendant les huit années de l'engagement.

Toute la première année s'étant passée en préparatifs de terrain, supposons que l'on plante le coton herbacé et qu'on le récolte à la fin de la deuxième. Si l'on prenait un terrain préparé déjà, comme il en existe tant dans la colonie, il serait aisé de récolter à la fin de la première année. Admettons aussi que cette première récolte ne donne que cent kilogrammes à l'hectare et trois cents pour les autres années. Nous aurons alors :

Récolte de la deuxième année................	20,000 kil.
Récolte de la troisième année................	60,000
Et pour les cinq autres....................	300,000
	380,000 kil.

Si nous donnons à ces trois cent quatre-vingt mille kilogrammes la valeur actuelle du coton à Fernambouc, ou 5 francs, nous aurons 1,900,000 francs de recette pour les huit années. De cette somme, nous aurons à retrancher les dépenses des six dernières années, ce qui nous donne :

Entretien de cent dix travailleurs pendant six ans.	216,000 fr.
Régisseur et sous-régisseur.................	54,000
Entretien de l'outillage et machine à 6,000 francs.	36,000
Frais imprévus.......................	30,000
	336,000 fr.
qui réunis au premier capital de................	203,800
donne............................	539,800 fr.

Ou 1,360,200 francs de bénéfice.

Indigo. — Au premier rang des matières colorantes, nous mettrons l'indigo à cause de l'extrême abondance de la plante qui le produit, de la facilité avec laquelle on le fabrique et le haut prix dont il jouit en Europe. Il y a quelques années, la colonie en fournissait une certaine quantité; mais, aujourd'hui, il est limité à quelques ménages qui en fabriquent pour leur consommation.

Cette fabrication a cessé parce que l'on a prétendu que les émanations produites pendant l'opération du battage, dont nous allons parler, occasionnaient les fièvres intermittentes.

Examinons d'abord la marche suivie pour sa fabrication, et nous chercherons ensuite le moyen de remédier à ce prétendu inconvénient.

Pour fabriquer l'indigo, on coupe un paquet de branches de l'indigotier, on en retire les feuilles que l'on laisse macérer et fermenter pendant vingt-quatre heures dans un vase proportionné à la quantité de matière que l'on veut obtenir et dans une quantité d'eau qui varie d'après le poids des feuilles. Au bout de vingt-quatre heures, on retire les feuilles et immédiatement on procède à l'opération du battage. Cette opération consiste à battre l'eau perpendiculairement de haut en bas avec un bâton qui porte à l'extrémité inférieure deux autres bâtons en croix et dans une position horizontale. On bat avec cet instrument pendant un quart d'heure. Au bout de ce temps, une écume se forme, on arrête le battage; et en même temps on trempe les barbes d'une plume dans l'huile d'olive, et l'on jette cette huile sur l'eau. Aussitôt une espèce de fécule bleue se précipite au fond du vase et l'indigo est terminé. Il ne s'agit plus que de décanter, que de retirer cette poussière bleue pour la mettre à égoutter dans un linge et la faire sécher à l'air, évitant de l'exposer à l'ardeur du soleil.

Telle est la marche générale à suivre pour la fabrication de l'indigo ; mais il est très-évident que ce travail peut recevoir une infinité de modifications ou de détails ainsi que nous avons pu le dire pour le sucre, et c'est sans doute de ces détails perfectionnés que dépendent les nombreuses qualités de ces produits.

Mais revenons à la cause qui a fait abandonner la fabrication de l'indigo ; l'ouvrier chargé du battage tenait le haut du corps au-dessus de la cuve pendant le temps que durait l'opération, et il respirait pendant ce temps les émanations putrides d'une plante en décomposition. Le remède à cet inconvénient était bien simple : il consistait à exhausser la cuve de trois à quatre mètres et à faire le battage, grâce à un levier, dans le genre de celui des sonnettes, que l'on aurait fait monter et descendre au moyen d'un bâton. Les émanations putrides s'exhalant en l'air, l'ouvrier en eût été à l'abri.

Pour le moment, il n'est pas nécessaire de s'occuper de la culture de la plante, car bien des fabriques pourraient être alimentées avec les feuilles de celles qui existent à l'état sauvage dans le voisinage de la mer, ce qui veut dire, en d'autres termes, que cette plante est très-vivace et très-facile à cultiver. Il est bon de remarquer cependant que si l'indigo vient bien sur les côtes, il ne prospère pas moins dans l'intérieur, témoins le Brésil et le Venezuela, où l'on trouve cette plante bien loin du littoral sous le nom d'*anil*. Dans le Venezuela, l'indigo n'a pas cessé jusqu'à ce jour d'être un article d'exportation.

Roucou. — La pâte qui compose le roucou provient de la graine broyée du roucouyer. Ce produit est plutôt un mordant qu'une teinture. Certaines matières pouvant le remplacer, quoique imparfaitement, il arrive qu'il est sujet à des alternatives de hausse et de baisse qui en font presque un jeu de bourse où l'on peut quelquefois s'enrichir en deux ou trois années, ou bien aussi perdre son temps pendant une dizaine d'années, attendant toujours la période ascensionnelle. Les petits cultivateurs ne l'abandonnent pas et la continuent de préférence à d'autres, parce qu'elle demande peu de bras. De nos jours, ce produit a varié entre 3 fr. et 0, 30 cent., c'est-à-dire 3 fr. et 0,30 cent. le kilo, et, dans ce moment, 1864, il recommence son mouvement de hausse.

La culture du roucouyer est excessivement simple, et l'arbuste commence à donner sa graine à dix-huit mois. Le rendement d'un hectare varie beaucoup selon les terres ; il est en moyenne de trois cents kilos pour les terres hautes et de six à neuf cents pour les terres basses. Il produit deux fois par an, et l'on pourrait dire que la récolte ne discontinue pas. L'arbre dure de quatorze à quinze ans.

La manipulation consiste à broyer les graines entre deux cylindres, mettre à tremper dans une eau très-pure la pâte qui résulte de cette première opération, à presser ensuite pour séparer les matières colorantes des pellicules dont les graines étaient enveloppées, et à laisser précipiter ces matières.

Bois de teinture. — On sait que les premiers commerçants qui furent attirés dans cette colonie venaient y chercher spécialement les bois de teinture qui abondent dans les forêts.

Le campêche a été importé à la Guyane et y réussit parfaitement ; cet arbre est difficile à détruire quand il en existe sur un terrain, tant ses nombreuses graines germent avec facilité.

Cochenille. — Nous parlerons seulement pour mémoire de ce produit quoiqu'il n'existe pas à la Guyane encore par la négligence de ses habitants. Mais le nopal indispensable pour nourrir l'insecte que l'on nomme *cochenille* s'y trouve en abondance et à l'état sauvage. De plus, rien n'est facile dans nos climats comme sa propagation. Dans l'Amérique centrale, cette industrie a pris un grand développement, et rien ne saurait empêcher la Guyane de fournir à la Métropole son approvisionnement.

Épices. — La cannelle, importée à la Guyane, réussit parfaitement : son arome ne diffère pas de la cannelle de Ceylan, mais le manque de bras est cause qu'elle ne peut supporter la concurrence de celle de l'Inde. Le cannelier est un arbre vivace qui ne demande presque aucun soin.

Le girofflier, importé des Moluques, a réussi parfaitement à la Guyane ; mais la concurrence de celui de l'Inde lui avait porté un coup funeste, quand un immense incendie est venu paralyser cette concurrence en détruisant une partie des arbres qui alimentaient l'exportation. Il existe encore un bon nombre de plantations régulières qui pourraient être relevées si la colonie recevait un renfort de bras.

Poivrier. — Le poivrier est une plante sarmenteuse et grimpante importée de Sumatra, et qui a parfaitement réussi à la Guyane, où elle donne des fruits entièrement identiques à ceux de l'Inde. Mais comme les autres épices originaires des mêmes contrées où les travailleurs fourmillent, le poivre aura à souffrir de la concurrence jusqu'au jour ou un salaire raisonnable pour les travailleurs et l'emploi des machines pour l'agriculture remplaceront l'immense population qui fait la force de l'Inde.

Le climat de la Guyane convient si bien à cette plante que des pieds abandonnés depuis plusieurs années produisent toujours comme à l'époque où le propriétdire de l'habitation leur donnait ses soins assidus.

Aux environs de la ville du Para, l'on voit des treilles de poivriers adossées aux barrières de quelques jardins produisant admirablement et sans aucun soin. Ceci détruit l'opinion émise à Cayenne qui prescrit le choix d'un tuteur ; pour y satisfaire, on pourrait probablement lui donner un arbre utile pour appui. Un ouvrier peut entretenir et récolter mille plants de poivriers qui donnent annuellement deux cent trente kilogrammes environ de graines sèches.

Muscadier. — Comme les trois précédents, le muscadier a été importé de l'Inde ; mais, quoique cet arbre ait réussi à la Guyane, il offre cependant quelques difficultés dans sa culture. M. Noyer les attribue à quatre raisons principales, qui sont :

1° Le long temps que les graines mettent à germer, ce qui souvent est cause qu'elles pourrissent ;

2° La nature huileuse de l'amande, ce qui, en la faisant rancir, lui fait perdre sa qualité germinative ;

3° Sa propriété unisexuelle qui entrave la reproduction ;

4° Enfin, les grandes sécheresses qui, quelquefois, font avorter les fruits.

Graines oléagineuses. — C'est encore une classe de produits qui, à elle seule, suffirait pour entretenir à la Guyane, et cela avec avantage, une forte population laborieuse, à cause de la variété des graines qui, croissant déjà spontanément, ne demandent qu'à être multipliées ; nous en citerons seulement quelques-unes, laissant pour un deuxième article le détail de celles qui sont connues, détail qui ne peut avoir lieu dans ce précis trop limité.

Carapa. — L'huile de carapa est extraite d'une espèce de châtaigne produite par l'arbre du même nom. Cette huile, excellente pour l'éclairage, possède aussi la propriété de se saponifier aussi bien que l'huile d'olives qu'elle remplace avec avantage au Brésil.

Le carapa est un arbre qui atteint un grand développement et qui, à l'état sauvage, produit immensément de graines. Cultivé, il commence à fructifier vers sa dixième année : il aime de préférence les terres humides.

En attendant que les fabricants de Marseille viennent installer à la Guyane des plantations régulières de carapas, ils trouveront, dans les seuls quartiers d'Approuague et de Cachipour, de quoi alimenter toutes leurs savonneries pendant les dix à douze premières années que les plants mettront à croître. Cependant, leur succès est limité à une légère condition : ils devront demander préalablement à l'Afrique des bras pour ramasser cette graine précieuse ; car, nous le répétons, les plus riches produits pourrissent à la Guyane faute de bras pour les recueillir. Il n'y aurait du reste à dépenser, pour faire cette riche moisson, que le salaire des ouvriers, solde qui reviendrait à 2 francs par jour environ. Dans les deux quartiers cités plus haut où cette graine est si abondante, et qu'il ne faut que ramasser dans des endroits où la terre en est littéralement jonchée, il est probable que cent femmes ou enfants, travaillant trois mois de l'année environ, alimenteraient toutes les fabriques de Marseille et pourraient employer le reste de leur temps à fabriquer l'huile sur place, ce qui semblerait très-rationnel, et à installer les nouvelles plantations.

Aouara. — La graine ou plutôt le fruit de l'aouara est le produit du palmier qui porte le même nom, et qui vient en abondance dans les terres abandonnées. L'huile extraite de la broue fibreuse qui renferme le noyau est très-limpide et propre aux assaisonnements pendant qu'elle est fraîche ; elle est très-bonne aussi pour l'éclairage. Cette huile a plusieurs propriétés médicinales, ainsi que son amande, qui est renfermée dans le noyau.

Ricin. — Par la facilité que l'on trouve à obtenir cette graine en en cultivant la plante, elle doit passer au premier rang. La rapidité qu'elle met à croître. le peu de soins qu'elle demande et, mieux encore, la grande abondance de graines qu'elle fournit en font une source de richesses. La graine de ricin ou palma-christi a beaucoup d'analogie avec un grain de haricot ; mais la pellicule qui la recouvre est plus mince, ce qui facilite l'extraction de l'huile. Cette huile, comme on le sait, est très-employée en médecine ; mais à la Guyane et au Brésil, elle sert principalement à l'éclairage.

Nous reviendrons sur la culture si facile de cette plante et sur la manière d'extraire l'huile des graines, considérant ce produit comme d'une grande importance pour l'Européen, même isolé, qui viendra se fixer à la Guyane.

Arachides et Sésame. — Les arachides et la sésame sont trop connues en Europe pour que nous en donnions une description. Nous constaterons seulement que ces plantes viennent presque sans le moindre soin dans les terrains arides mêlés de sable.

Cocos ou noix de Touca. — Le Coco importé à la Guyane donne une huile excellente pour les assaisonnements et produit un éclairage de la plus brillante clarté. Nous avons, du reste, déjà parlé de la culture du cocotier.

La noix de Touca ou châtaigne du Para est fournie par le canari-macaque qui abonde dans l'intérieur du pays et en particulier dans le Maroni. Son huile, employée dans l'alimentation, est excellente; il s'en fait en Angleterre une grande consommation pour la parfumerie.

Laissons pour le moment les graines oléagineuses pour nous occuper de l'arbre précieux et trop délaissé qui produit la cire végétale : le guingui-amadou.

Cet arbre est un de ceux que l'on rencontre le plus fréquemment dans les forêts et toujours auprès des rivières. La graine qui a quelques rapports avec la noix muscade, car elle est de la même famille, étant réduite en pâte et soumise à l'ébullition, donne une matière analogue à la cire, avec laquelle matière, au Brésil, on fait des bougies qui servent à l'éclairage. Cet arbre, dont le bois est très-mou, croît rapidement et donne immensément de graines qu'il ne faut pas cueillir, mais ramasser à terre.

Il existe, en outre, un autre arbre que l'on trouve communément dans les savanes de Maragnam et de Parnaïba : c'est le palmier appelé par les Brésiliens *carnaüba*, et qui n'a pas encore été découvert à la Guyane, probablement parce qu'on ne le connaît pas. Dans celui-ci, la cire se trouve sous forme de poussière à l'aisselle des feuilles ; et, pour l'obtenir, il suffit de secouer ces feuilles, de recuillir cette poussière et de faire fondre ensuite pour mouler les bougies.

AROMATES.

Encens. — L'arbre qui produit l'encens est très-commun à la Guyane ; on le trouve à l'état sauvage dans les forêts. La résine qui constitue ce produit se trouve ordinairement au bas de l'arbre : l'odeur qu'elle répand en facilite la recherche.

Fèves de Tonkin. — Cette amande, décorée d'un nom chinois qui en augmente la valeur, est produite par le gayac, un des grands arbres qui peuplent les forêts de la Guyane. L'huile essentielle qu'on en retire est très-estimée.

Bois de rose. — Cet arbre, dont le bois, à la Guyane, est employé dans les constructions, renferme une essence identique avec l'essence de rose : c'est au moyen de la distillation qu'on le retire du bois.

Vanillier. — Le vanillier est une plante grimpante que l'on trouve communément dans les forêts de la Guyane : on la voit souvent, sur le bord des grandes rivières, se laissant tomber en gracieuses guirlandes.

Malgré la grande simplicité qu'offre sa culture et le haut prix de la silique à la Guyane même, c'est encore un produit à peu près oublié dans le pays.

Le vanillier demande, dit-on, des terres humides et un certain arbre pour tuteur ; et cependant on voit à Cayenne des vanilliers attachés à des palissades de bois très-dur prospérer aussi bien que ceux qui se trouvent dans les terres humides, appuyés à des arbres qui leur servent de tuteurs. Disons mieux, le vanillier ne vit ni aux dépens de la terre dans laquelle on le plante, ni aux dépens de l'arbre sur lequel il fait pénétrer ses vrilles. Cela est si vrai que le plus souvent cette plante est séparée de la terre, ne se soutenant que par ses vrilles à un vieux piquet, assurément bien privé de la séve qui aurait pu lui fournir son contingent de nutrition. Il est très-évident, d'après cela, que cette plante ne se nourrit qu'aux dépens des gaz aériformes qui volent autour d'elle, unis, bien entendu, à l'humidité ambiante. Cette observation est faite en vue de faciliter, si c'est possible, la culture du vanillier dont le résultat pourrait être très-important si toutefois notre raisonnement se trouve exact. Nous reviendrons plus tard sur la manière détaillée de cultiver cette plante, et nous dirons comment on en prépare la silique au Brésil et au Pérou.

Vétivert. — Cette plante herbacée donne une racine dont l'odeur, assez pénétrante, a la propriété de repousser les insectes qui cherchent à se glisser dans le linge, tout en communiquant à celui-ci une odeur très-agréable.

La culture de cette plante est des plus simples.

PLANTES MÉDICINALES.

La Guyane est si riche en produits médicinaux qu'il est impossible d'en entreprendre ici la nomenclature. Laissant ce travail aux hommes compétents, nous ne parlerons que de quelques produits dont l'exploitation pourrait donner des résultats très-prochains à leurs cultivateurs. Nous nous bornerons à parler du copahu, de la salsepareille, du ricin et surtout du thé qui, chez nos voisins, fait partie des produits alimentaires à cause des éléments nutritifs qu'il renferme réellement aussi bien que le café.

Baume de copahu. — Le baume de copahu est retiré du copaïer que l'on trouve en plus ou moins grande abondance dans les forêts de la Guyane, mais qui est très-commun dans le quartier d'Oyapock, et notamment à la montagne Rocaoua, où il existe en famille. Il est bon de noter une particularité qui n'avait peut-être pas encore été observée et que nous avons remarquée dernièrement : c'est que, à l'exemple de la sensitive, ses feuilles alternes, qui affectent la même forme et la même disposition que dans celle-ci, se resserrent également aussitôt que l'on touche à la branche. C'est encore un de ces arbres qui un jour sera cultivé avec soin à cause du baut prix de son produit et de la facilité de sa récolte.

Cette dernière opération consiste à percer le tronc de l'arbre avec une tarière en arrivant jusqu'au centre où se trouve la substance, à placer un tuyau ou une feuille d'arbre à l'orifice du trou pour faciliter l'écoulement du liquide dans une dame-jeanne, à boucher et expédier ensuite au commerce. Un homme peut en recueillir une dame-jeanne dans sa journée, soit quinze kilogrammes à peu près, ce qui, au minimum de 4 francs par kilo, peut lui donner 60 francs par jour. Tels sont ces produits exceptionnels que les Indiens du Brésil savent bien ne pas négliger.

Salsepareille. — L'arbrisseau qui fournit la salsepareille croît ordinairement sur le bord des rivières et des ruisseaux. Le quartier d'Approuague, dans le domaine de la Compagnie aurifère, est riche en produits de ce genre, où l'on pourra l'y recueillir comme au Brésil ; c'est, pour cette compagnie aurifère et agricole, une branche très-importante d'exploitation à ajouter à celle de l'or.

La salsepareille que l'on débite dans le commerce n'est autre chose que la racine éminemment traçante de cet arbre, car elle s'étend très-loin et presque toujours à la surface de la terre qui ne la recouvre que d'une très-légère couche. Quant à sa préparation, nous ne pouvons que répéter ce que nous en avons dit précédemment ; on en arrache la racine, on la lave, puis on la fait sécher ; on la boucane ensuite, c'est-à-dire on la soumet pendant vingt-quatre heures à la fumée d'un feu très-doux. Après cette préparation, on en forme des rouleaux du poids de quatorze kilos environ que l'on a le soin d'attacher avec une liane partagée au milieu, comme les osiers avec lesquels on amarre les cercles de barrique. Ce rouleau, en forme de carotte de tabac, doit être rogné ensuite aux deux extrémités. Ce produit vaut ordinairement, au Para, de 2 à 3 francs la livre, et un travailleur peut en faire vingt livres dans sa journée.

Thé et ricin. — Aux articles *Alimentation et Graines oléagineuses*, nous avons déjà parlé du thé et du ricin que nous avons donnés comme produits médicinaux, nous allons maintenant parler des produits dont quelques-uns, d'un intérêt tout à fait commercial, sont propres à divers usages, comme le caoutchou, le gutta-percha et la colle de poisson, pour terminer enfin par le tabac, les bois et l'élève du bétail.

Caoutchouc. — Cette matière extraordinaire, qui déjà joue un rôle si important dans l'industrie et à laquelle on trouve tous les jours un nouvel emploi, n'est que la séve, sous forme de lait (lait que l'on prend même pour guérir certaines maladies de poitrine), d'un arbre que nous appellerons caoutchoutier, parce que son nom de caoutchouc a prévalu sur celui d'hévéa qu'Aublet avait emprunté des Indiens du Pérou, et sur celui de seringa, que les Brésiliens du Para lui ont donné pour l'humble motif que les Indiens des bords de l'Amazone en faisaient des seringues avant que les Européens eussent même connaissance de l'existence de cette matière.

Cet arbre, à la fois très-droit et très-haut, a son écorce blanchâtre, mince et unie, ce qui est la réponse aux assertions de quelques naturalistes qui l'ont dépeinte comme très-écailleuse. A vingt mètres de hauteur, plus ou moins, commence un énorme bouquet qui donnerait considérablement de grâce à cet arbre, s'il était isolé.

C'est de cette tige dénudée de branches que l'on recueille la substance qui tout à l'heure va se transformer en une matière propre à l'éclairage d'abord, matière qui ne peut être dissoute que par des essences, mais dont le caractère principal est d'être extensible et rétractile à la fois ; matière, en outre, d'une complète imperméabilité, quelque degré de finesse qu'on puisse lui donner.

C'est à la propriété élastique et rétractile du caoutchouc qu'on doit la faculté de faire des ressorts et à son imperméabilité celle d'en couvrir les vêtements qui nous préservent de la pluie.

C'est cette faculté rétractile qui le distingue du gutta-percha, qui n'a de commun avec lui que l'imperméabilité, et qui, du reste, n'est guère plus extensible que le cuir.

Plusieurs essences peuvent, il est vrai, dissoudre le caoutchouc pour lui donner mille et mille formes ; mais le dissolvant le plus énergique est encore sa propre essence, que l'on obtient en brûlant du caoutchouc de rebut dans un vase en fonte et en recueillant le produit comme dans toute autre distillation. Cette essence, éminemment inflammable, est par cela très-dangereuse, aussi sa distillation demande-t-elle de très-grandes précautions.

En outre, la facilité avec laquelle le caoutchoutier se reproduit permettra d'en faire facilement des plantations régulières ; les graines germent aussi vite que des graines de radis et les boutures prennent facilement. Nous ne pouvons donc encore, à l'égard du caoutchoutier, que répéter ce que nous avons dit sur la Feuille de la Guyane en 1855, les circonstances étant demeurées les mêmes quant au prix de son produit :

« J'ai reconnu d'abord une semblable analogie entre divers quar-

« tiers de la Guyane française et la région parcourue par le fleuve
« des Amazones. Ayant trouvé le premier plant d'un caoutchoutier
« dans le voisinage d'une habitation à six ou sept lieues du littoral
« de la mer, j'ai pu constater, d'une manière positive, que cet arbre
« précieux peut être exploité avec avantage à partir de sa sixième
« année. Ce sujet, qui a quatorze à quinze mètres de hauteur et
« trente-deux à trente-trois centimètres de diamètre, donne du lait
« en abondance et est reconnu n'avoir que cinq ou six ans. Mon
« premier empressement a été d'en extraire le lait et de m'assurer
« de sa qualité. L'expérience a été entièrement satisfaisante, et
« l'échantillon que j'ai remis à l'administration coloniale prouve
« que cette gomme résine est identique à celle de Para, la plus
« recherchée dans le commerce. Ses propriétés élastiques sont ab-
« solument les mêmes.

« Une circonstance inattendue et d'une grande importance pour
« la culture de ce produit sur le sol de la Guyane, c'est qu'on trouve
« le caoutchoutier dans les terres hautes. Il croît et prospère sur
« des mornes de douze à quinze mètres d'élévation au-dessus
« du niveau de la mer. Ceci est d'autant plus avantageux que
« les terres, plus ou moins humectées par les eaux douces dans
« les îles de l'Amazone qui produisent le caoutchouc, sont trop
« rares à la Guyane pour que l'on ait pu y voir ce produit exploité
« sur une grande échelle. Aujourd'hui, on peut être sûr que toutes
« les terres voisines des rivières, tant qu'elles ne s'élèvent pas à
« plus de douze à quinze mètres, sont propres à la culture du
« caoutchoutier. Si toutes les terres qui sont dans ces conditions
« étaient plantées régulièrement, ce pays fournirait à lui seul au
« monde entier tout le caoutchouc dont il a besoin. Puisque l'arbre
« croît spontanément dans nos forêts, mais en trop petit nombre,
« il ne manque plus que de le généraliser au moyen d'une culture
« régulière, et plusieurs circonstances concourent pour que les ar-
« bres existant dans le pays suffisent pour peupler promptement
« la Guyanne entière. En premier lieu, le caoutchoutier produit,
« vers le mois de mai, une immensité de graines qui ont une grande
« ressemblance avec le palma-christi ; elles germent sur le sol
« bientôt après qu'elles y sont tombées. De plus, chaque arbre
« couvre toujours une infinité de jeunes plants, et les branches
« prennent parfaitement de bouture. Ces trois moyens permettent
« de multiplier les sujets sur une grande échelle.

« Le caoutchoutier est un des grands arbres qui peuplent les
« forêts ; mais comme le développement de ses branches n'est pas
« en rapport avec sa hauteur, il ne demande pas à être planté à
« une grande distance, puisqu'il prospère dans les forêts, où il est
« serré de près par des arbres d'autres espèces. Dix mètres de dis-
« tance entre chaque pied sont suffisants à son développement, et il

« semble que, plantés en lignes dirigées vers le vent, ces arbres
« croîtront avec plus de vitesse, car tout. annonce que plus que
« d'autres ils ont besoin d'air en abondance, puisqu'ils tendent tou-
« jours à dépasser leurs voisins, et les plants eux-mêmes meurent
« étouffés dès la première année. Il est évident, d'après ceci, que
« pour faire une plantation de caoutchoutiers on pourrait se borner
« à éclaircir la forêt, à nettoyer de dix en dix mètres un espace de
« deux mètres, à planter la jeune tige dans une fosse de trente cen-
« timètres que l'on remplirait avec l'humus qui l'avoisine, et en-
« suite entretenir seulement la propreté autour de l'arbre.

« L'extraction du lait du caoutchoutier a plus d'un rapport avec
« celle de la résine dans nos forêts de pins. Au Para, un homme
« qui entreprend la récolte du caoutchouc pour une saison s'ins-
« talle vers le mois de février pour commencer à opérer aux pre-
« miers jours de beau temps. Il cherche alors quatre-vingts pieds
« de cet arbre, le plus rapprochés possible, et il installe une espèce
« d'échelle autour de chacun d'eux pour en recueillir la séve ; il
« prépare une sorte d'entonnoir en terre destiné à servir de che-
« minée sur le feu fait avec les noyaux de l'urucury ou autres ana-
« logues. Le laboratoire consiste en moules, selon la forme qu'il
« veut donner au caoutchouc, plus en une terrine destinée à rece-
« voir le lait recueilli dans sa journée, et une cuiller faite avec une
« petite calebasse. L'ouvrier se rend auprès des arbres qu'il va ex-
« ploiter ; il est muni d'un hachereau dont le tranchant a cinq cen-
« timètres de largeur, et d'une calebasse suspendue à son cou. Au
« moyen d'argile qu'il avait préalablement rassemblée auprès de
« chaque arbre, il forme une espèce d'écuelle de huit à dix centi-
« mètres de diamètre, qu'il colle sur l'écorce après avoir fait une
« incision transversale au moyen de son hachereau ; l'écuelle doit
« être parfaitement adhérente à l'écorce, un peu au-dessous de l'in-
« cision. Il fait de quatre à dix saignées chaque jour sur chacun
« des quatre vingts pieds ; l'expérience lui apprend le nombre qu'il
« en peut faire d'après les forces du caoutchoutier.

« Cette opération, commencée vers cinq heures du matin, est termi-
« née ordinairement à neuf. A midi, le lait recueilli dans les écuelles
« est versé dans la calebasse que l'ouvrier porte à son cou ; vers trois
« heures, cette récolte étant terminée, il se rend à son carbet où il
« procède à la formation du caoutchouc, opération qui dure environ
« deux heures. A cet effet, il allume son feu qu'il recouvre avec
« l'entonnoir en terre, il verse avec la cuiller, sur une planchette
« mince, s'il veut faire du caoutchouc en feuilles, une couche de
« lait qu'il promène immédiatement sur la fumée qui s'échappe
« par le tuyau de l'entonnoir. A peine a-t il promené le moule sur
« la fumée que le lait est figé, le caoutchouc formé et livrable au
« commerce. Seulement, il répète l'opération proportionnellement

« à l'épaisseur qu'il veut donner à l'objet qu'il fabrique. Le caout-
« chouc le plus estimé est celui qui a le moins de couches, c'est-à-
« dire le plus mince. Mais comme on vient de trouver le moyen de
« conserver le lait liquide par un procédé encore plus simple, et
« que le prix de celui-ci, qui n'a subi aucune manipulation après
« l'adjonction d'un corps étranger, est triple du caoutchouc moulé,
« ces dernières opérations ne se feront bientôt plus, et c'est le lait
« conservé et non plus le caoutchouc qu'on expédiera.

« Voici le rendement de ce travail : un homme peut faire par
« jour de dix à quinze kilogrammes. Or, la campagne commen-
« çant vers le 15 avril et finissant vers le 15 décembre, on peut
« compter, pendant ce laps de temps, sur à peu près deux cents
« jours de travail utile, et en prenant le minimum de ce que l'ou-
« vrier peut faire par jour, soit dix kilogrammes, et réduisant le
« nombre de jours à cent quatre-vingts, l'on aura dix-huit cents
« kilogrammes pour la récolte d'une campagne. Au prix actuel du
« caoutchouc sur la place du Para, de 3 fr. 75 le kilog. (moitié de
« son prix de l'année dernière), l'on aura 6,526 francs pour le
« produit de la récolte faite par un seul individu sur quatre-
« vingts caoutchoutiers, ce qui, en calculant sur la même propor-
« tion, porterait le rendement d'un kilomètre carré, ou dix mille
« plants qui pourraient être exploités par vingt-cinq personnes
« entendues, à 815,750 francs. »

La province du Para, qui nous touche, jouit cependant de tous
ces avantages, car vingt mille individus au moins sont employés à
cette industrie, qui, il y a quelques années, donnait déjà pour
15,000,000 de francs environ à l'exportation sur la place du
Para.

Notre terrain contesté, quoique incontestable suivant un savant
géographe, contient aussi des caoutchoutiers en famille ; le caoutchouc du *Rio-Jary*, notamment, est recherché sur la place du Para.
Le *Jary* prend sa source dans la chaîne des Tumucumaques et
vient se jeter dans l'Amazone au-dessus de Macapa.

Le caoutchouc, à très-peu d'exceptions près, est recueilli au Para
par les indigènes, les esclaves ne pouvant être affectés à ce travail
à cause de la facilité qu'ils trouveraient *à s'absenter* au milieu de
ces forêts vierges. *Les engagés africains étant libres* conviendraient
parfaitement pour cette exploitation.

Gutta-Percha. — Cette résine, fournie par le balata qui atteint
ordinairement de grandes dimensions a, comme le caoutchoutier,
une tige très-droite et uniforme, mais avec cette différence que ce
dernier a la peau blanchâtre et lisse, tandis que la sienne a une

très-grande ressemblance avec l'écorce du chêne, ce qui doit empêcher de les confondre.

Comme la séve du caoutchoutier. le gutta-percha provient de la séve du balata, sous forme de lait également, mais avec cette différence qu'il se concrète souvent à son contact avec l'air. Et c'est là un des obstacles qui empêchent, pour le moment, que l'on puisse s'occuper de son extraction.

Il est cependant à remarquer que certains balatas (et ce sont les plus rares) donnent leur lait à l'état liquide, tandis que d'autres offrent une consistance de lait caillé au sortir de l'incision faite à l'écorce, ce qui arrête ainsi l'écoulement.

Cette industrie se trouve donc paralysée en attendant que l'on ait trouvé un moyen facile d'extraire le lait.

Colle de poisson. — En traitant de la salaison du poisson, nous avons nommé la colle de poisson qui est faite de la vessie aérienne de celui qui est connu dans le pays sous le nom de machoaran, et qui semble appartenir à la famille des esturgeons. Ce poisson, sans écailles, est un des plus communs sur les côtes vaseuses de la Guyane ; il acquiert la longueur d'un mètre environ et pèse de quinze à vingt kilogrammes, et les plus grands peuvent donner jusqu'à un kilo de colle de qualité supérieure.

Le machoaran est si abondant que les pêcheurs qui exploitent la côte de Cachipour se contentent, en général, d'en retirer la vessie aérienne, et ils jettent le reste à la mer. De cette manière, ils détruisent une grande quantité de substances qu'ils auraient pu appliquer à l'alimentation.

Résine copal. — La résine copal découle du courbari, grand arbre très-commun à la Guyane. Cette résine, très-estimée aujourd'hui, sert aux mêmes usages que la résine animé de l'Inde, ce qui lui fait donner le nom de *résine animé occidentale.* Au Brésil, les Indiens l'utilisent pour vernir des calebasses et s'en servent encore pour l'éclairage.

Tabac. — Que peut-on dire encore de ce produit qui n'ait été dit et redit ? Au risque de nouvelles répétitions, voici en résumé ce que l'on peut certifier pour le moment : le tabac est un des produits indigènes de la Guyane, et c'est aussi le premier qui ait été cultivé dans cette région, où il tenait lieu de monnaie aux premiers colons. Sa culture est aussi simple que celle du maïs, il croît sur les montagnes comme sur les terres basses, et il est d'un fructueux rapport. On peut en faire au moins deux récoltes par an. Et cependant, la Guyane n'entre pour rien dans la distribution de 30 à 40 millions que la France paye annuellement à l'étranger pour la consommation de cet article. Il est à regretter de voir cette culture inconnue aujourd'hui dans ce pays, culture qui pourtant serait d'un immense rapport, car à côté de nous, au Para, le tabac commun se vend de 4 à 5 francs l'arrobe de quatorze kilos cinq cents grammes, soit 30 centimes environ le kilo. Ajoutons cependant que, soit le terroir, soit la manipulation, la même province fournit une autre qualité que l'on connaît sous le nom de *tabac du Certon* et qui vaut ordinairement 3 francs la livre. Mais ne semble-t-il pas bien étonnant qu'un pays contigu à la Guyane produise le tabac avec tant de facilité qu'on puisse le vendre jusqu'à 30 centimes le kilogramme, et que nous restons les bras croisés en présence d'un sol aussi fertile ! On ne peut répondre à cette objection que par cette phrase fatale : *le manque de bras !*

Bois de construction. — Cette partie est de la plus haute importance dans une région comme la Guyane dont toute la surface est couverte de forêts vierges, où les premières essences de bois croissent pour y pourrir ensuite à force de vétusté. Il y a là de quoi satisfaire tous les besoins de l'homme ; ces bois sont remarquables par leur force, comme le balata, le wacapou, le gayac, l'ébène verte ou *green-heart*, le bois violet, etc., ce qui les rend propres aux châssis des fortes machines, aux arbres des roues hydrauliques, à l'artillerie, au charronnage ; d'autres, quoique plus faibles, sont tout aussi durables que les premiers, parce que l'humidité et les insectes ne peuvent les attaquer, ce qui les rend propres aux constructions navales comme le sont le cèdre noir et le taoub, employés comme bordages. D'autres enfin sont tout aussi précieux par la courbure naturelle de leurs branches, ce qui les fait rechercher pour les membrures, comme le langoussi, le bagasse, le chaouary et le bois rouge.

Le courbari, pour mèches de gouvernail de grande dimension, et l'angélique, pour les quilles, ne trouvent de rivaux dans aucune autre essence. L'exploitation des bois à la Guyane est encore dans l'enfance, et cet état durera tant que l'usage des machines ne s'adjoindra pas aux forces de l'homme. Les ouvriers sont si rares à la Guyane et le prix de la main d'œuvre si élevé, que les Etats-Unis peuvent lui fournir des bois de sap pour ses travaux de menuiserie, et cela au détriment de bois qui se perdent dans les forêts, comme les cèdres, les cimaroubas, et surtout plusieurs variétés de grignonfou, parmi lesquelles on remarque notamment le ouache-ouache.

Une des plus grandes objections que l'on fait valoir contre l'exploitation en grand des bois de la Guyane est celle-ci : les essences de bois identiques sont trop éparses dans les forêts où l'on ne trouve que rarement des arbres en famille, ce qui occasionne une grande perte de temps. Aux Etats-Unis, dit-on, c'est bien différent ; là le sap se trouve toujours en famille, ce qui en facilite grandement l'exploitation. Oui, tout cela est vrai ; seulement, nous ferons remarquer qu'il n'y a rien d'extraordinaire dans ce qui se passe aux Etats-Unis. Là, pour exploiter les sapins en famille, il faut aller les trouver dans les régions où d'autres végétaux ne peuvent vivre ; c'est-à-dire à une hauteur de trois à quatre mille mètres au-dessus du niveau de la mer. La Guyane, au contraire, est bien mieux partagée, puisqu'elle a des bois de toutes les essences à deux ou trois cents mètres de hauteur au plus. Que reste-t-il donc à faire? A exploiter sur une grande échelle tous les bois, comme on exploite le sucre et les autres denrées. Il ne faut dans les forêts que savoir utiliser chaque essence et savoir aussi mettre à profit le désordre qu'on y rencontre. A côté d'un balata vous trouvez un wacapou, un cimarouba, un cèdre noir, un grignon-fou et un langoussi. Débitez le balata en pièces propres aux machines, en bois de charpente, et les bouts en longrines pour les chemins de fer ; une bonne scie, mue par une locomobile, se chargera de cette opération, et vous trouverez dans le tronc des pièces qui, pour les machines, donneront deux ou trois cents francs. Choisissez dans le wacapou les pièces qui peuvent être utilisées pour la marine et ensuite pour la construction civile ; faites des planches avec le cimarouba au moyen d'une scie circulaire à grand diamètre, qui sera mue par la même locomobile ; les planches de cimarouba se vendront dans le pays pour des travaux d'intérieur ; avec le cèdre noir, qui se scie très-facilement, vous ferez des bordages incorruptibles qui ne pourront manquer d'être appréciés en Europe ; avec le grignon-fou, vous aurez encore des planches à l'usage du pays et que vous pourrez exporter, et avec le langoussi, vous formerez des bois courbes que vous expédierez en Europe, où leur besoin commence à se faire sentir.

Nous allons donner le tableau descriptif des bois de la Guyane les plus connus ; nous mettrons en regard l'emploi qui leur est donné ordinairement, et nous y ajouterons, autant que possible, leur pesanteur spécifique, leur force et leur qualité ; et pour que les personnes compétentes puissent mieux les étudier, nous joignons à la suite un extrait d'un rapport de M. de Lapparent, directeur des constructions navales. Ce rapport, fait par un homme si compétent, et qui n'a été fait qu'à la suite de bien des années d'essais, est sans contredit le meilleur document qui puisse appuyer notre tableau des bois de la Guyane :

BOIS DE LA GUYANE

NOMS DES BOIS.	PESANTEUR spécifique pour un décimètre cube de bois sec.	FORCE.	USAGE.
PREMIÈRE QUALITÉ.			
Angélique.............	0k746	215k	Charpente, planches, quilles, préceintes
Balata rouge..........	1 109	353	Charpente, machines, construction navale.
Bois de fer.	893	382	Charpente, machines.
Cèdre noir (montagne).	648	159	Charpente, bordage, coques, membrures.
Cœur dehors..........	991	283	Charpente, membrures, bordages.
Ébène verte (green-heart)...............	1 211	481	Charpente, machines, constrction navale.
Gayac................	1 153	385	Machines, poulies.
Grignon..............	714	172	Charpente, planches, membrures, bordages.
Manguier.............	647	120	Bordages.
Parcoura jaune.........	784	177	Charpente, planches, membrures, bordages.
Préfontaine...........	827	207	Charpente, planches, membrures, bordages.
Rose mâle.............	1 108	361	Charpente, construction navale.
Sassafras.............	579	156	Charpente, bordages, membrures.
Taoub................	850		Charpente, planches, bordages, quilles.
Wacapou.............	900	304	Charpente, planches.
DEUXIÈME QUALITÉ.			
Acajou...............	577		Menuiseries.
Bagasse..............	745	215	Bordages, charpente, coques de canot, membrures.
Balata indien.			Planches, charpente.
Bois rouge...........	984	355	Courbes, charpente, planches.
Bois violet...........	771	231	Charpente, charronage, artillerie, construction navale.
Bois gaulette.........	1 196	303	Charpente.
Bois divin............	1 140	288	Charpente.
Bois macaque........	325		Planches.
Balata blanc..........	972	247	Charpente.
Bois noir.............	838	159	Planches.
Bois pagaie...........	800	239	Charpente, madriers.
Bagasse terre basse....	717	210	Charpente.
Bois sucré...........	565	169	Planches.
Cèdre jaune.	489	224	Planches, bordages, construction navale.

NOMS DES BOIS.	PESANTEUR spécifique · pour un décimètre cube de bois sec.	FORCE.	USAGE.
Cèdre gris............	489		Planches, bordages.
Cèdre franc...........	510		Planches.
Cèdre bagasse........	842	226 k	Planches.
Cèdre blanc.	381	62	Planches.
Carapa rouge.........	659	171	Planches.
Coupi noir...........	881	216	Charpente.
Courbaril............	904	333	Charpente, planches, menuiserie, construction navale.
Chaouari............	820	211	Charronnage, membrures.
Couaïe.............	800		Mâture, planches.
Coupaya............	374	83	Planches.
Canari macaque.......	1 003	329	Mâture, charpente.
Coupi franc...........	819	179	Charpente, madriers.
Cœur dehors, ouacapou quitain............	991		Chapente, madriers.
Génipa.............			Charpente, construction navale.
Grignon rouge.......	421	116	Planches.
Grignon-fou, franc.....	577	146	Planches.
Grignon-fou, ouache-ouache............	560		Planches, charpente.
Guingui-amadou.......	364	73	Planches.
Jaune d'œuf.	946	267	Planches.
Immortelles...........	317	32	Planches.
Langoussi............	900		Charpente, membrures.
Maho noir............	1 106	275	Charpente.
Maho couatary.	1 091	249	Charpente.
Maho rouge...........	926	262	Charpente.
Mauy.	714	174	Charpente, boucauts.
Mapa...............	528	159	Planches.
Mencoar......... ...	957	283	Charpente.
Palétuvier rouge.......	1 017	297	Charpente.
Palétuvier blanc.......	768	146	Planches.
Rose femelle.........	648	184	Charpente, bordages.
Simarouba...........	403	96	Planches.
Saint-Martin..........	912	229	Charpente, construction navale.
Wapa...............	930	224	Charpente, construction navale.
Wapa blanc.	912	195	Charpente.
BOIS DE COULEUR.			
Les ébènes...........	1 211		
Boco................	1 208	402	
Panacoco...........	1 181	400	
Lettre moucheté......	1 049	340	
Satiné rouge.........	877	275	
Bagot...............	875	255	
Moutouchi...........	1 052	288	
Satiné gamet.........	849	230	
Maria congo...... ...			

Extrait d'un Raprort de M. de Lapparent, directeur
des constructions navales :

« Il y a lieu de donner une grande extension à l'exploitation des
« immenses forêts de la Guyane dont certaines essences annoncent
« des qualités exceptionnelles d'élasticité, de force et de durée.
« Les essais comparatifs suivants, faits avec du chêne de France,
« du teck de l'Inde, et des bois injectés au sulfate de cuivre ne
« peuvent laisser aucun doute à cet égard.

| | POIDS | NOMBRES PROPORTIONNELS | |
| NOMENCLATURE DES ESSENCES. | du | à | à la résistance, à la |
	mètre cube.	l'élasticité.	rupture.
Chêne de forêt.....................	745	1,000	1,000
Teck, qualité supérieure..........	650	2,000	1,920
Teck tendre....	590	1,100	1,330
Angélique...........	770	2,250	1,800
Coupi................	1,100	1,760	1,660
Bois violet..........	845	2,250	2,650
Wacapou............	849	2,000	2,000
Balata..............	1,070	3,325	3,150
Courbaril...........	940	4,000	2,825
Taoub..............	865	2,000	2,000
Saint-Martin.	930	2,000	2,325
Cèdre noir..........	800	1,820	2,325
Hêtre injecté.....................	790	1,420	1,100
Peuplier injecté.	390	0,665	0,830

(Colonne « Bois de la Guyane. » en regard des essences Angélique à Cèdre noir.)

« Sans vouloir attacher une importance absolue à ces expérien-
« ces, qui demanderaient à être répétées et variées, on ne peut ce-
« pendant pas s'empêcher d'être frappé de l'infériorité relative du
« chêne tendre de nos forêts de France, sous le rapport de l'élas-
« ticité et de la solidité ; mais quelle que soit l'importance que
« l'on doive attribuer à ces conditions, il en est une qui, dans les
« constructions navales, doit primer toutes les autres, c'est celle
« de la durée. Voici le tableau des pertes combinées de force des
« diverses essences après six mois de séjour en terre ou dans le
« fumier :

Nomenclature des essences.	Perte pour cent.
Chêne de forêt.......................	30 1/2 p. 0/0.
Teck supérieur......................	16 1/2 p. 0/0.
Teck tendre.........................	25 p. 0/0.

Nomenclature des essences.		Perte pour cent.
	Angélique...............	5 p. 0/0.
	Coupi...................	0 p. 0/0.
Bois	Bois violet.............	0 p. 0/0.
	Wacapou...............	0 p. 0/0.
de	Balata.................	10 p. 0/0.
	Courbaril.............	12 1/2 p. 0/0.
la Guyane.	Taoub.................	31 3/4 p. 0/0.
	Saint-Martin..........	14 3/4 p. 0/0.
	Cèdre noir............	22 1/2 p. 0/0.
Hêtre injecté........................		30 p. 0/0.
Peuplier injecté....................		10 p. 0/0.

« Ces expériences sont significatives, et il est impossible de ne
« pas être frappé de l'étonnante supériorité à tous les points de vue
« des essences de la Guyane.

« L'angélique, principalement, paraît appelée à rendre les plus
« grands services aux constructions navales, parce que, indépen-
« damment de ses qualités d'élasticité, de force et de durée, sa
« densité ne dépasse pas celle du chêne ordinaire. Les autres es-
« sences sont au contraire un peu plus lourdes, sans qu'il y ait
« cependant excès à leur égard ; leur place serait dans les fonds
« des navires, tandis que l'angélique remplacerait avantageusement
« le teck dans le bordé sous blindage.

« J'ajouterai, en terminant, que la plupart des essences de la
« Guyane conviendraient merveilleusement à la confection des
« traverses de chemin de fer, attendu qu'elles possèdent les
« deux qualités les plus recherchées pour cet emploi, une longue
« durée et une pesanteur spécifique qui contribue à la solidité de
« la voie.

« Un défaut, souvent reproché aux bois de la Guyane, consiste
« dans les tares intérieures qu'aucun signe n'annonce au de-
« hors ; il est donc bon de refendre par le cœur tous les gros sujets
« qu'on exploite, tant pour s'assurer de leur état que pour empê-
« cher les gerçures qui ne manquent jamais de se produire lorsque
« le cœur reste intact. »

« Depuis que le rapport de M. de Lapparent a paru, dit la *Revue
maritime et coloniale* dont il est extrait, des essais nouveaux faits
sur une assez grande échelle à Brest, à Cherbourg et sur le chemin
de fer de l'Ouest (embranchement de Mantes), n'ont fait que con-
firmer les expériences du savant ingénieur.

« On ne terminera pas la question si importante de l'importation en France des bois de notre colonie sans signaler les avantages
que leur emploi présente à l'ébénisterie ; les fabricants de Paris

ont, d'ailleurs, été mis déjà à même d'apprécier le parti qu'on pouvait tirer d'un assez grand nombre d'espèces provenant des chantiers de MM. Riollet et Ligier ; ils offrent, par la richesse et la variété de leurs nuances, des ressources très-précieuses pour la construction des wagons, les cabines de navires, les ameublements et la marqueterie : on peut citer principalement l'amaranthe, le wacapou, le lettre moucheté, le satiné rubané et le saint-martin. »

Ménageries ou élève du bétail. — Nous comprenons dans cet article l'élève des bêtes à corne, celle du porc et du cheval.

Cette grande question, que l'on pourrait dire la base d'une bonne colonisation, a pu être négligée à la Guyane à une époque où le rendement des denrées donnait de quoi acheter des comestibles à l'étranger ; mais nos devanciers n'ont peut-être pas assez réfléchi que ce genre d'industrie ne devait pas rester incompatible avec les autres entreprises, et qu'elle eût pu aussi leur donner de très-beaux résultats, tout en leur fournissant l'alimentation la plus saine et la plus appropriée à ce climat.

Depuis longtemps on a tenté, au moyen de primes, d'encourager cette branche si importante de l'industrie agricole ; mais, qu'est-il advenu ? C'est que rarement l'éleveur profitait de cette faveur : c'était un acheteur, étranger à l'éducation du bétail, qui recevait indûment les frais d'encouragement.

Il semble peut-être vrai que la prime soit nécessaire pour exciter à des entreprises dont le résultat peut laisser quelques doutes ; mais pour l'élève du bétail, quand on a de bons pâturages et que l'eau pour abreuver se trouve en abondance, si l'on veut joindre à ce genre d'industrie des soins pratiques et incessants, on ne peut que réussir.

Aussi les encouragements eussent pu être plus profitables si, de temps en temps, choisissant parmi les propriétaires ceux qui auraient offert le plus de garanties morales et le plus d'aptitude pour cette partie, on leur eût fait quelques avances qui eussent été remboursées à l'Administration par les produits.

L'insuccès des ménageries à la Guyane est dû à des causes bien connues : chez quelques hattiers, malheureusement le plus grand nombre, c'est au manque de soins et trop souvent au manque d'eau qu'on doit l'imputer. Chez d'autres, c'est à la négligence que l'on met dans le renouvellement des taureaux, en ne considérant pas assez que de jeunes sujets, de trois à quatre ans, échangés avec ceux des propriétaires voisins, rempliraient bien mieux le but de reproduction que l'on se propose plutôt que ces énormes et vieux taureaux qui font l'orgueil du propriétaire, mais qui à la longue laissent dégénérer la race qui finit par s'étioler entièrement. En effet, ici le but n'est pas d'améliorer les formes ; l'intérêt de l'éleveur n'est que d'augmenter le poids de ses produits, et il ne peut obtenir ces résultats qu'en employant les taureaux entre trois et cinq ans, mais toujours puisés dans des familles étrangères.

L'étendue des savanes susceptibles de fournir à la nutrition du bétail est plus grande qu'il ne faut pour alimenter la Guyane et les Antilles.

D'après l'essai fait à la fin du siècle dernier, dans les vastes savanes de Ouassa, par M. Pomme, il a été constaté que ce quartier réunissait toutes les conditions désirables pour la réussite d'une entreprise de ce genre. On y trouve les herbes les plus appropriées à la nourriture du bétail, et principalement le chiendent, et de plus toute la contrée est sillonnée de ruisseaux qui la coupent dans tous les sens. Il y a des savanes un peu élevées où le bétail se réfugie pendant les fortes pluies de l'hivernage, et le plus souvent il séjourne dans les savanes du bas, où il se repose dans des herbes toujours vertes. Tels sont les avantages que réunit cette localité où l'essai avait jadis si bien réussi. La nomination de député ayant appelé M. Pomme à la Métropole, la ménagerie fut abandonnée à elle-même, et, faute de l'œil du maître, elle disparut.

A tous les avantages de cette localité vient se joindre celui d'une vaste étendue qui, cependant, n'est pas encore bien connue ; on suppose que les savanes s'étendent du Ouassa à l'Amazone (quarante-cinq à cinquante lieues). Mais en admettant seulement qu'elles aient une étendue de quinze lieues sur six, on aurait cent quarante-quatre mille hectares de pâturages qui, à deux bœufs par hectare, nourriraient deux cent quatre-vingt-huit mille têtes. Dans l'île de Marajo, les propriétaires calculent qu'un hectare de prairies naturelles alimente facilement trois têtes.

Le quartier du Ouassa a cela d'avantageux encore : c'est que généralement une goëlette chargée de bétail pour Cayenne aurait en sa faveur les vents et les courants, et ces deux conditions, combinées en outre avec la marée, permettraient des trajets de moins de vingt-quatre heures.

D'autres localités, mais plus limitées il est vrai, se trouvent dans l'espace compris entre Cayenne et le Maroni ; nous citerons entre autres les savanes qui s'étendent de la rivière d'Iracoubo à celle d'Organabo, qui sont d'une étendue de trente-deux kilomètres sur deux à trois de profondeur. Ces savanes sont bornées par de petits mornes qui pourraient être utilisés à la fois et pour loger les gardiens et pour parquer le bétail.

Cette étendue de soixante-quatre kilomètres donnerait six mille quatre cents hectares capables de nourrir douze mille huit cents têtes, ce qui, vers la fin de la sixième année à peu près, avec l'établissement de trois mille vaches et cent taureaux, donnerait les trois à quatre mille bœufs nécessaires à l'approvisionnement de la population actuelle.

Trois mille vaches et cent taureaux coûteraient environ. . . . . 600,000 f. 00

Supposons pour entretien pendant cinq à six ans. 100,000 00

Total. 700,000 00

Supposons aussi qu'à la fin de la sixième année on eût les bœufs nés les première et deuxième années, au nombre minimum de deux mille cinq cents et du poids minime aussi de cent vingt kilos, on retrouverait alors, au prix actuel de 2 francs le kilo, une recette de. . . . . 600,000 f. 00

A la fin de la sixième année, il y aurait par conséquent une recette de 600,000 francs, plus un établissement en plein rapport.

Comme pour les bois, les projets relatifs aux ménageries ont trouvé des contradicteurs : les pâturages des savanes sont épuisés, disent-ils ; et par qui donc, puisqu'il n'y a pas de bétail ?

Aux causes d'insuccès des ménageries dont nous avons parlé plus haut, nous en ajouterons une : en général, le bétail est abandonné à lui-même au lieu d'être parqué pour l'habituer à la domesticité, comme cela se pratique dans quelques ménageries modernes, à Marajo, à l'Orénoque et à Porto-Rico. Le bétail étant habitué à parquer, on oblige les vaches à vêler dans les hangars, et l'on sauve ainsi tous les veaux, tandis que dans le cas contraire, on perd la moitié des produits.

Mais au Brésil et à l'Orénoque, dit-on encore, on ne prend pas tant de soin, et le bétail prospère au point que le propriétaire s'estime très-heureux quand il peut vendre la viande à raison de soixante centimes le kilogramme. Cette assertion, très-souvent formulée, est d'une réfutation facile. Au Brésil, certains propriétaires ont quinze à vingt mille têtes de bétail dans leur parcours, et il s'en perd une partie par des vices de soins identiques à ceux qui existent à la Guyane. Mais aussi, qu'importe au hattier, quand il a fourni sa part afférente nécessaire à l'alimentation de la ville du Para, qui est de quarante par jour. Comme il pourrait en fournir un bien plus grand nombre, il lui importe peu de ce qui se perd, et il laisse à la Providence le soin de repeupler ses ménageries.

Peut-être, comme nous devons le faire, les Portugais ont-ils eu leur apprentissage aussi, mais il faut reconnaître que des établissements de ce genre étant arrivés à un certain point de développement, l'espace ne manquant pas, et toutes les circonstances étant favorables à l'accroissement, la progression devient colossale. Ceci est si vrai que, en 1833, dans l'île de Marajo, les propriétaires voyant que cette progression montait avec tant de rapidité dans le bétail et dans les chevaux, abattirent quarante mille juments dont ils vendirent les peaux à raison de 2 fr. la pièce. Là, comme à Buenos-Ayres, les chevaux servent à lacer les bœufs. Ce massacre de quarante mille juments fut bien fatal aux hattiers, car la putréfaction, occasionnée par les restes abandonnés de tant d'animaux, eut pour résultat une épizootie qui ne se termina qu'avec l'extinction de la race chevaline. En 1833, un cheval coûtait 5 francs, ou mieux encore, on faisait cadeau d'un cheval comme l'on donnait un chien. Aujourd'hui, les chevaux que l'on fait venir des autres provinces se vendent au moins 300 francs. Voila les raisons qui obligent beaucoup de propriétaires à élever le bétail d'une autre manière, c'est-à-dire à l'habituer à la domesticité.

On dit aussi que les tigres sont un obstacle au développement des troupeaux à la Guyane. Ceci est très-naturel : le bétail, vivant dans un état continuel d'abandon, les tigres commencent d'abord à attaquer les veaux et tombent ensuite sur les vaches, si les premiers ne suffisent pas à leur férocité. Mais il en serait bien autrement si un gardien vigilant, armé d'une bonne carabine, parcourait régulièrement les savanes. Il ferait alors un double service : il éloignerait insensiblement les tigres, et veillerait à ce que les vaches qui auraient vêlé au milieu des pâturages ramènent les veaux au hangar, élevé à cet effet dans le parc.

Il est un autre ennemi non moins dangereux pour les bestiaux que le tigre, quoique plus facile à détruire : c'est la tique. Il ne faut tout simplement, pour arriver à ce but, que mettre un certain nombre de volailles dans le parc, et l'après-midi, pendant les chaleurs de l'été, alors que les tiques assiègent le bétail, celui-ci rentrera de lui-même dans son enceinte, où les poules s'empresseront de faire sa toilette. Les petits propriétaires de l'Orénoque pratiquent ce moyen avec grand succès.

Nous pourrions déjà citer plusieurs ménageries qui commencent à prospérer et mettre au premier rang celle de Jolivet à Organabo, ménagerie qui vient d'être acquise par le Gouvernement. Au dire des hattiers voisins, cet établissement, qui aurait en ce moment de douze à quatorze cents têtes de bétail, est en pleine prospérité. Mais, hélas ! à quoi bon toutes ces citations quand il s'agit de convaincre des incrédules !

Nous n'avons aucun détail à donner relativement aux moutons et aux chèvres qui s'élèvent à la Guyane avec plus de facilité qu'en Europe, par suite de l'uniformité du climat qui leur convient très-bien. La laine ne les gêne point longtemps, car ils en sont débarrassés à la deuxième génération.

L'élève du porc est susceptible d'un grand développement à cause de la facilité avec laquelle cet animal s'élève, de la consommation que l'on en fait et que l'on en ferait, tant à la Guyane que dans les pays voisins. A Demerary, le prix d'un porc vivant est de 1 franc la livre, tandis que la viande de bœuf ne vaut que 60 centimes environ.

Quand on songe à toutes les ressources que fournit la Guyane pour nourrir cet animal, on est en droit d'espérer que bientôt un homme, un homme de la campagne, s'emparera de cette branche de l'industrie agricole, pour l'exploiter sur une grande échelle.

Cheval. — Le Gouvernement et les particuliers font venir à grands frais des chevaux qui, trop souvent, sont mis hors de service peu de temps après leur arrivée, tandis que l'on pourrait avoir à la Guyane de quoi remonter la gendarmerie et de quoi fournir aux besoins des habitants. Les chevaux prospèrent dans cette région aussi bien que le bétail, mais les rares animaux de ce genre qu'on y élève sans soins ne proviennent que de races dégénérées. Quand on le voudra, on aura à la Guyane des chevaux aussi beaux qu'en Europe. Les terres hautes qui bordent les savanes conserveraient à la race du pays, mélangée avec celle de l'Arabe, l'énergie, la sobriété et la force qui distinguent cette dernière. Nous laisserons à des plumes compétentes le soin de développer un article aussi important.

Dans le cours de cet opuscule, nous pourrions dire de cette compilation, nous avons dû souvent recourir à des citations pour appuyer notre opinion dictée par une longue expérience; nous allons encore y avoir recours pour suppléer au défaut de renseignements géographiques relatifs au bassin de l'Amazone, et nous citerons l'extrait d'un mémoire adressé au Sénat des Etats-Unis par un de ces hommes qui, de loin en loin, apparaissent pour illustrer leur patrie : le lieutenant Maury, aujourd'hui commodore et directeur de l'observatoire de Washington.

Le commodore Maury, dans ce savant rapport, a le mérite très-louable, sans doute, d'avoir tenté de faire servir ses hautes connaissances à l'influence et à l'agrandissement du commerce de son pays. Mais la France, faisant partie intégrante de ce même bassin de l'Amazone, faisant partie aussi de ces mêmes familles latines qui s'assimilent autant par l'origine commune de leurs idiomes que par le lien étroit de leur religion, ne serait-elle pas destinée à jouer dans cet *étrange* bassin le rôle que l'éminent commodore veut bien adjuger aux Etats-Unis?

EXTRAIT DU MÉMOIRE DU LIEUTENANT MAURY, PRÉSENTÉ AU SÉNAT DES ÉTATS-UNIS, LE 10 MAI 1852.

« Le soussigné expose au sénat et à la chambre des représentants, assemblés en congrès, que depuis plusieurs années il est employé à faire des recherches et des observations sur les vents et les courants qui règnent en mer, particulièrement en ce qu'ils ont d'action sur le commerce et la navigation.

« Ces investigations ont produit la découverte de plusieurs faits et conduit à des considérations d'une influence directe sur quelques-uns des grands intérêts de l'Etat; et l'exposant espère, par ce motif, qu'il lui sera permis de développer devant l'honorable assemblée plusieurs conclusions auxquelles il a été amené. »

.   .   .   .

(Suivent de savants détails tendant tous à démontrer, dans l'intérêt commercial des Etats-Unis, que, par l'effet des courants et des vents alizés, l'embouchure de l'Amazone n'est pas au cap nord, selon la croyance du vulgaire : elle se trouverait dans le golfe du Mexique, à l'embouchure du Mississipi, où, pour ainsi dire, ces deux grands fleuves confondent leurs eaux).

Nous continuons la citation :

« De notre côté, nous avons *à nos portes* même cette grande vallée de l'Amazone, avec la température et toutes les ressources naturelles de l'Inde, *supérieures même* à celles de cette dernière contrée.

« Grâce aux récents progrès de la navigation, la distance de nos ports du sud à l'embouchure de l'Amazone est parcourue en autant de jours qu'il faut de mois pour aller d'Europe aux Indes.

« La vallée du Mississipi, suivant les calculs des géographes, est d'une étendue de cent neuf mille lieues carrées; celle de l'Amazone et de ses affluents, comptant l'Orénoque comme l'un d'eux, a une étendue deux fois plus considérable. D'après les mêmes autorités, la grande vallée de l'Amazone présente une superficie de deux cent vingt-deux mille lieues carrées (ou trois cent cinquante-cinq millions d'hectares ; ce qui, peuplé proportionnellement à la France, pourrait recevoir une population de cent quatre-vingt-dix-neuf millions cinq cent mille âmes).

« L'Amazone, avec ses affluents, est comptée comme offrant un cours navigable d'une telle étendue que, placés sur une même ligne, leurs longueurs suffiraient à faire trois fois le tour de la terre. Elle est regardée comme ayant un parcours propre de deux mille six cents lieues, et l'on dit qu'elle est navigable pour les vaisseaux de haut bord jusqu'au pied des Andes.

« Le versant de l'Atlantique, dans l'Amérique du sud, est tellement traversé de cours d'eau, qu'il n'a pas moins de mille cinq cent milles de canaux naturels par lesquels les navires peuvent passer d'un fleuve dans un autre.

« Si cette vallée était colonisée et cultivée, les Indes, dans le sens commercial, seraient amenées à nos portes, car toutes les productions de l'Orient y fleurissent. Le Portugal, au temps où il possédait à la fois l'Inde et le Brésil, et monopolisait le commerce de la première de ces contrées (vers 1500), avait été tellement frappé de cette vérité, qu'il prohiba absolument de cultiver dans le bassin de l'Amazone aucune espèce de drogues, épices ou plantes quelconques, cultivées dans l'Inde.

« Les républiques de l'Equateur, du Pérou, de la Bolivie ont des provinces riches et considérables sur les sources navigables de l'Amazone ; de sorte que *la libre navigation de ce fleuve où un échange avec le Brésil et les autres Etats intéressés de la navigation du Mississipi contre celle de l'Amazone et de ses tributaires,* donnerait immédiatement naissance à un commerce considérable. Quant à la valeur et à l'importance que ce commerce pourrait atteindre dans l'avenir, il est inutile de les démontrer.

« La navigation de l'Amazone détournerait du littoral maritime de ces républiques une grande partie du commerce qui aujourd'hui passe par le cap Horn, et ne peut arriver aux sources de l'Amazone qu'en traversant péniblement le sommet des Andes à dos d'âne et même de moutons.

« Le continent entier, excepté l'étroite bande située entre le sommet des Andes et l'Océan pacifique, s'abaisse naturellement vers l'Atlantique. Il en est tributaire, et c'est par lui que le commerce doit en être fait...

« Toutes les choses dûment examinées, et prenant en considération la position géographique du bassin de cette rivière par rapport à son embouchure, considérant sa température, son sol, ses ressources présentes et celles qu'il peut offrir dans l'avenir ; considérant que l'origine de sa prospérité doit reposer sur une politique commerciale, libérale, et que nos efforts industriels peuvent recevoir une direction de ceux qui conduisent son commerce ; considérant que la politique des Etats-Unis est d'entretenir des relations pacifiques avec toutes les nations, en se liant avec elles par des motifs d'intérêt mutuel et de bonne harmonie ; considérant que le bassin de ce fleuve est inhabité pour la majeure partie et *devra, par conséquent, prendre le caractère de la première nation qui y introduira la colonisation et le commerce ;* considérant encore que les lois du Brésil touchant l'émigration dans cette vallée sont dites du caractère le plus libéral ; considérant en dernier lieu le peu de population des gens qui y existent ; toutes ces choses envisagées, qu'il soit permis de répéter que l'exposant, profondément impressionné par l'importance du sujet, *le considère comme une affaire de si haute portée,* qu'il n'hésite pas à proclamer que la question de navigation et de commerce avec l'Amazone, jusqu'aux sources de l'Amazone, le plus grand fleuve *et le plus fertile bassin du monde, est la plus grande question commerciale du jour.* »

« La portée et l'influence de cette question sur la prospérité et le bien-être futurs de notre pays ne peuvent, en raison de leur but et de leur étendue, être embrassées que par LA HAUTE INTELLIGENCE DE L'HOMME D'ÉTAT LE PLUS CLAIRVOYANT... » (Bravo ! M. Maury, la France vous écoute !...) « En conséquence, le soussigné supplie l'honorable assemblée d'encourager, par des dispositions législatives légitimes, le commerce et la navigation sur ce grand cours d'eau.

« Au nombre des mesures qui seront adoptées par une législation judicieuse, on doit compter, tôt ou tard, une émigration nombreuse dirigée vers ce pays, et par suite sa colonisation et sa mise en culture, lesquelles, à leur tour, amèneront le développement des immenses ressources commerciales de cette incomparable région, et l'établissement de ces liens d'affaires, de ces relations sociales et de cette heureuse réciprocité d'égards que le commerce actif et la fréquentation ne manquent jamais de créer entre les peuples.

« Que l'on imagine un émigrant, un pauvre cultivateur peutêtre, arrivant de l'intérieur de l'Europe dans la vallée de l'Amazone comme colon : où il était, son travail pouvait à peine le soutenir de la manière la plus exiguë, et il ne consommait alors aucun de nos produits. Mais, dans sa nouvelle patrie, où un sol fécond et un beau climat répondent à ses soins, où le travail d'un jour sur sept est considéré comme suffisant pour fournir abondamment à ses besoins, il travaille avec son activité habituelle et récolte en abondance du café, des drogues, des épices, des gommes, du cacao, du riz, du tabac ou tous autres produits de cette vallée ; ses besoins satisfaits, il lui en reste assez pour nous en donner largement en échange de tous les produits manufacturés, soit d'utilité, de fantaisie ou de luxe qu'il désire...

« Donc, en ce qui concerne l'établissement du commerce de l'Amazone, considérant que New-York et Boston ne sont qu'à dixhuit et vingt jours, par navires à voiles, de l'embouchure de ce fleuve ; considérant que les vents sont bons pour aller et libres pour revenir, et que les ports des Etats-Unis, sur l'océan Atlantique, sont les seuls marchés pour lesquels ils sont aussi propices ; considérant tous les avantages physiques dont nous jouissons par là et prenant cet immigrant comme type de l'émigration, guidé et soutenu par *notre esprit entreprenant et énergique*, commencera à s'établir dans cette vallée. New-York, Boston et les Etats manufacturiers fourniraient à ces colons tous les articles nécessaires, depuis la hache et la houe jusqu'aux habits de fête et aux machines à vapeur.

« Ainsi l'homme qui, en Europe, son pays natal, ne pouvait rien acheter de nos produits, devient à la fois, par le seul fait de son établissement dans la vallée de l'Amazone, un producteur et l'un de nos meilleurs consommateurs.

« Aussitôt que notre commerce, secondé par notre énergie, donnera au monde une preuve évidente des richesses et des ressources de cette contrée, l'Europe est prête à y envoyer son excédant de population. Non-seulement cette colonisation *nous enrichirait*, mais encore elle ajouterait à la grandeur et à la puissance de notre nation ; car on peut regarder comme un axiome vrai, en économie politique, qu'un peuple ne quitte pas son pays pour s'embarquer et devenir marin, s'il n'est pas convaincu qu'il lui est plus facile de gagner sa vie en mer que dans le pays qu'il habite...

« De même, jamais l'immigrant et son fils n'abandonneront le beau climat et les champs fertiles de l'Amazone pour la mer. Nos marchands, nos marins, nos matelots seront, par conséquent, les principaux agents du commerce de cette vallée qui, avec le temps, comptera une population de deux ou trois cents millions d'habitants qu'elle est susceptible de contenir...

« Le soussigné a cru devoir se borner à ne vous présenter d'abord qu'une seule des mesures qu'il sera nécessaire d'adopter, dans le but de développer, au profit *de notre navigation*, les immenses richesses commerciales de la vallée de l'Amazone ; il vous la désigne spécialement, parce que, dans son opinion, elle est d'une importance urgente et de nature à produire des avantages immédiats. »

M. F. MAURY.

(Extrait de la Revue coloniale, mois de décembre 1858, page 604.)

OBSERVATIONS.

Le coton étant destiné à devenir tôt ou tard, et selon toutes les probabilités, le produit le plus important de la Guyane, il est peut-être nécessaire que nous donnions au lecteur quelques explications sur les motifs qui nous ont fait adopter les chiffres de base portés à l'article compétent. Nous voulons parler du rendement d'un hectare et du prix du coton.

Quant au premier, si nous cherchons ce que produisait un hectare, alors que cette culture était encore dans l'enfance, alors surtout que l'on ignorait l'effet que produit la taille sur les cotonniers, nous trouvons que l'hectare produisait entre 150 et 350 kilogrammes. Le célèbre Guizan le portait à 222 kilogrammes en 1788.

A Surinam, d'après M. Burnett, directeur de l'habitation Dombourg, un seul ouvrier peut cultiver et récolter sept hectares de terres plantées en cotonniers, pourvu toutefois que l'égrenage soit fait à l'aide d'une machine à vapeur.

D'après un rapport du Directeur de l'intérieur à Alger, donnant le détail des divers *essais* tentés dans cette localité, nous voyons que la production a atteint le chiffre de 1,500 kilogrammes.

Et enfin, le *Journal do Commercio* de Rio, du 28 octobre dernier, donne la réponse faite par M. Manoël Lopez de Oliveira au ministre de l'agriculture du Brésil, qui lui avait adressé plusieurs questions relatives à la culture du coton herbacé ou sea-island. M. Oliveira est un des plus grands propriétaires cotonniers du Brésil, comme il en est un des plus distingués. Voici en substance ce qu'il écrit :

Sorocaba, le 8 octobre 1864.

« MONSIEUR LE MINISTRE,

« Répondant aux questions que vous m'avez fait l'honneur de m'adresser relativement à la culture du coton herbacé, je vais vous transmettre le fruit de mes observations. »

Après avoir exposé divers renseignements très-importants sur les différentes qualités de terres et surtout sur les graines que l'on doit préférer dans ces régions, son rapport continue ainsi :

« 8° La dépense pour la préparation des terres, sarclages et récolte du coton pour une plantation d'un croucrou de semences est de 470 francs pour deux hectares de terre de première qualité (terres hautes).

« 9° Si le terrain composant les deux hectares est de première qualité, il produira 3,625 kilogrammes, en y comprenant les graines ou 1,087 kilogrammes net, l'égrenage faisant subir un déchet de 70 p. 0/0.

« En donnant à ce coton la valeur qu'il a en ce moment à Rio et à Santos, et qui est de 5 fr. 58 cent., nous aurons 6,065 fr., desquels, déduisant les 470 francs de dépenses, il nous reste net 5,595 francs pour la valeur réelle du coton récolté (ou 2,797 fr. 50 cent. pour un seul hectare). »

Telles sont les bases qui nous ont servi à déterminer le poids de 300 kilogrammes à l'hectare et le prix de 5 francs le kilogramme. Nous pensons que profitant à la Guyane des progrès de la science effectués dans les autres pays de production, notre chiffre ne s'éloignera pas de la vérité, et nous ne devons pas perdre de vue ici que nous avons parlé du coton herbacé, dont la valeur peut encore s'accroître.

Il est bon de remarquer que, si en parlant de la culture du coton nous avons dit qu'elle était surnommée la culture des paresseux, nous avons voulu faire allusion à sa grande facilité, condition qui garantit une réussite complète à ceux qui l'entreprendront sur une grande échelle.

Ce que nous avons dit plus haut du coton, nous pourrions à peu près le répéter pour le café; mais nous pensons que ces explications sont inutiles.

Nous ajouterons encore une explication au sujet du prix de revient d'un engagé que nous avons fixé à 30 francs par mois. Nous avons pris pour base le chiffre de 12 fr. 50 cent. par mois pour le salaire d'un immigrant; il reste 17 fr. 50 cent., somme suffisante pour le reste de son entretien, en supposant toutefois qu'une plantation, bien installée, produise tout ce qui est nécessaire à l'alimentation générale. Or, comme les propriétaires qui sont satisfaits de leurs travailleurs leur donnent ordinairement des gratifications mensuelles proportionnelles à leur travail, nous avons cru, par cette raison, rester dans la limite du vrai en portant à 2 francs par jour le salaire des travailleurs lorsque nous en avons parlé à l'article *Carapa*.

CONCLUSION.

Plus d'un quart de siècle s'est écoulé depuis que, pour la première fois, nous avons abordé les côtes de la Guyane, et depuis ce temps nous n'avons cessé d'admirer le grand luxe de végétation de ce pays et sa température très-supportable pour l'Européen. Le temps n'a fait qu'accroître et que fortifier des convictions que nous croyons de notre devoir de transmettre à nos compatriotes. Nous dirons aux cultivateurs moins aisés : « A vous auxquels un travail assidu suffit à peine pour éloigner la misère, venez à la Guyane, où vous serez largement rémunérés de vos labeurs. Votre état, dites-vous, ne vous permet pas d'entreprendre un tel voyage. Adressez-vous au gouvernement paternel de l'Empereur, qui, sans aucun doute, vous en facilitera les moyens par ses nombreux vaisseaux qui visitent Cayenne. » Nous dirons aussi aux capitalistes : « Venez à la Guyane, où un vaste champ est ouvert à de nobles et avantageuses spéculations. »

Appelé à visiter les pays limitrophes, nous avons éprouvé une nouvelle admiration à la vue de leur richesse plus grande comparativement à celle de la Guyane française.

Nous nous sommes demandé si la cause de cette infériorité ne tenait pas au défaut de connaissances agricoles chez nos cultivateurs. En examinant les Guyanes hollandaise et anglaise, nous avons cru reconnaître que leurs produits n'avaient aucune supériorité sur les nôtres. Seulement, nous avons remarqué que leurs établissements agricoles étaient montés avec un plus grand luxe, quoique ne nous dépassant pas de beaucoup quant à la proportion des produits ; mais il a été aisé de reconnaître que leurs succès tenaient essentiellement à ce que les habitations ont, en général, pour propriétaires de riches capitalistes d'Europe qui, à un moment donné, ont pu soutenir le choc des perturbations auxquelles les colonies étaient sujettes, et nous avons vu à la Guyane la preuve de cette assertion confirmée par le succès des planteurs qui ne se sont pas trouvés obérés à l'époque de l'émancipation.

Nous avons tourné nos regards du côté du Brésil et nous avons vu la vaste et riche province du Para, formée d'hier, et jouissant déjà d'une opulence à laquelle la nôtre n'oserait se comparer. Là nous avons remarqué dans l'agriculture peut-être quelque infériorité, en la comparant à celle de la Guyane ; mais, ayant voulu nous rendre compte de la supériorité de sa richesse en produits d'exportation, nous avons découvert que les habitants, plutôt marchands que cultivateurs, ne faisaient tout simplement qu'utiliser, au moyen d'échanges avec les Indiens, les nombreux produits spontanés que ces derniers recueillent, produits cependant tous identiqués avec les nôtres ; car on n'eut besoin ni de grande science ni de grands capitaux pour fonder cette colonie, puisque les trois à quatre cent mille indigènes dispersés sur les bords de cette immensité de rivières qui arrosent le bassin de l'Amazone, artère commune de cette contrée, vinrent à l'envi troquer leurs riches produits contre des exportations européennes.

La population laborieuse s'est donc trouvée toute formée dans cette province du Para. Les communications y étaient facilitées par les douze cents lieues de parcours direct du fleuve et de plus par les six mille lieues de parcours de ses affluents, et elles ont dû singulièrement faire prospérer cette province, au fur et à mesure de l'emploi de ses produits.

En consultant les cartes géographiques pour savoir jusqu'à quel point la Guyane française se rapprochait de ce pays privilégié, nous avons trouvé encore un nouvel embarras : les cartes françaises nous ont montré notre limite à la rive gauche de l'Amazone, tandis que les cartes portugaises la portent à la rive droite de l'Oyapock. Ayant fait des recherches pour savoir qui était dans le vrai, un des anciens du pays, versé dans l'histoire de la Guyane, nous raconta ce qui suit :

« Depuis 1713, c'est-à-dire au lendemain du traité d'Utrecht, il
« existe un différend entre les deux couronnes de France et de
« Portugal d'abord, et plus tard avec le Brésil, relativement aux
« frontières respectives des deux nations ; mais la solution de ce
« problème semble s'éloigner à mesure qu'on croit la voir toucher
« à sa fin.

« Louis XIII et Louis XIV se reconnaissant bien propriétaires du
« fleuve des Amazones conjointement avec le Portugal, concédèrent
« à diverses compagnies des priviléges qui les autorisaient à ex-
« ploiter la Guyane française jusqu'à la rive gauche de ce fleuve.
« Plus tard, à la suite de nos revers et de nos succès dans la guerre
« de succession, la France sentit le besoin de faire des concessions
« stipulées dans le traité d'Utrecht, et elle abandonna au Portugal
« la navigation exclusive de l'Amazone. Et comme à cette époque
« quelques embarcations de Cayenne allaient trafiquer avec les In-
« diens des îles qui encombrent l'Amazone à son embouchure, le
« Portugal, fort prévoyant, voulut empêcher qu'un port français ne
« pût être formé dans ces parages, et il demanda pour sa garantie
« les terres du cap Nord. Comme on avait déjà accordé la naviga-

« tion exclusive, naturellement les terres du cap Nord furent aussi
« accordées. »

Mais laissons de côté un incident, étranger au but que nous nous
proposons aujourd'hui, pour revenir aux causes qui ont paralysé le
développement de la Guyane.

Une expérience acquise pendant un grand nombre d'années a pu
nous faire connaître et apprécier la Guyane, et nous aurions pu
nous dispenser de rechercher le témoignage de tant d'hommes recommandables qui en ont parlé dans des termes si élogieux. Les
tristes légendes émanées des déportés du 18 fructidor ont laissé
dans l'histoire de si repoussants souvenirs, écrites qu'elles étaient
par ces malheureux exilés, que nous avons dû, pour les combattre,
emprunter quelques extraits et en user comme d'un puissant levier
pour soulever le monde d'injustices et de calomnies qui pèse sur la
Guyane.

Nous aurions pu augmenter le nombre des citations, mais nous
avons cru ce travail inutile à la suite des statistiques que nous avons
produites. Nous aurions encore pu appeler à notre aide l'opinion de
deux cents écrivains qui ont plaidé la cause de la Guyane, et parmi
lesquels nous comptons : Lacondamine, Godin-des-Odonois, Bars-
kire, de Labarre, Barrère, des Essarts, de Férolles, Frenau, Guizan,
Aublet à qui l'on est redevable d'un travail sur la flore de la Guyane,
Catineau-Larroche, Laboria, Leblond, Lescalier, Mentelle, d'Orvil-
liers, Perrotet, Ternaux-Compans, de Préfontaine, etc., etc.; mais
toutes leurs attestations seraient inutiles auprès de personnes qui
peuvent avoir une raison quelconque pour rabaisser la Guyane. Ne
nous adressant donc qu'à ceux qui n'ont rien de préconçu contre
cette région exceptionnelle, nous leur offrirons les conséquences
suivantes tirées de tout ce qui précède :

1° Que, si d'après les observations faites pendant une période
de vingt-neuf années, la mortalité à la Guyane n'a été que de quatre-
vingt-six centièmes p. 100 plus forte qu'en France, tandis que la
moyenne de trois autres colonies a atteint dix et quatre-vingt-
treize centièmes, et si la durée de la vie humaine est, nous dirons
modestement, égale à celle de la France ; c'est donc à tort qu'elle
est trop souvent mise en avant comme ayant une mortalité excessive. Il y a aussi parfois en Europe des mortalités qui dépassent les
bornes ordinaires : demandez au choléra ? Eh bien ! le choléra a
décimé les contrées limitrophes de la Guyane française, et celle-
ci, grâces à Dieu, ne connaît pas encore ce redoutable fléau.

2° Que, d'après les observations thermométriques, la température y est moins élevée que pendant l'été dans le midi de la France,
et quelquefois même à Paris, où elle a été dépassée de quelques

degrés dans l'été de 1863 ; seulement, à la Guyane, cette température est à peu près permanente, ce qui est un bienfait, car la chaleur, jointe à l'humidité, ne fait qu'allier les deux agents principaux de la végétation qui, à leur tour, s'adjoignent les gaz aériformes nécessaires à la *création* des végétaux.

3° Que, d'après les états de situation donnant le résultat des maladies traitées à l'hôpital de Cayenne pendant la période d'une année, il n'existe dans *ce département de la France équinoxiale* aucune maladie endémique. Les ennemis de la Guyane voudraient-ils donc prétendre qu'une région, pour être parfaite, soit exempte de toutes maladies, et que ses habitants soient immortels !

4° Que l'exploitation des terres par l'Européen est très-possible, puisque cette condition a existé exclusivement depuis la découverte de la Guyane jusqu'en 1652 et pendant un siècle encore, concurremment avec les esclaves. Sans que cette question ait été jamais mise en doute ni en discussion, nous avons, de nos jours, d'autres preuves non moins certaines de succès ; nous y arriverons tout à l'heure.

D'abord, jusqu'à 1652, l'exploitation des terres ne fut faite que par des Français engagés dans la Métropole pour trente-six mois, et cela à la condition que, pendant ces trois années, le travail de l'individu appartiendrait sans réserve au propriétaire.

Aujourd'hui, enfin, nous avons des exemples de travail européen qui viennent donner un démenti formel à tous ces partis pris contre la Guyane.

Nous pouvons conclure de tout ceci que la Guyane est exploitable par l'Européen, et que si des cultivateurs voulaient s'y fixer, ils seraient d'autant plus aisés que leur nombreuse famille deviendrait pour eux une source de richesse. Mais, sans doute, cette possibilité n'est réalisable qu'à deux conditions essentielles et bien faciles à observer : il faut de la sobriété et des heures réglées pour le travail. Dans le midi de la France, un laboureur, dans l'été, commence son travail vers quatre heures du matin jusqu'à neuf, pour recommencer à trois et finir à six. Que le laboureur à la Guyane fasse de même, car il ne pourrait résister au travail mieux que le créole, qui ne travaille à peu près que ce laps de temps. Et pourquoi demanderait-on à la Guyane plus qu'on ne demande au midi de l'Europe ? Mais la sobriété, nous le répétons, jointe à un travail régulier, à un travail réglé, est partout une garantie de santé.

La colonisation européenne n'est rien moins qu'impossible à la Guyane, et il serait à désirer, qu'à l'exemple de Cuba et de Porto-Rico, elle partageât avec les Africains cette riche exploitation.

L'emploi de la charrue amènerait une révolution complète dans le rendement du travail, puisqu'il est reconnu qu'un seul homme avec deux bœufs peut faire autant que trente travailleurs avec la houe, et encore avec cette différence que la terre travaillée à la charrue est défoncée à une bien plus grande profondeur, ce qui, tout en déchirant les racines des mauvaises plantes, permet aux gaz nécessaires à la fécondation des terres de faire beaucoup mieux sentir leur influence.

5° Qu'un certain nombre de produits assurent à l'immigrant une alimentation facile bientôt après son arrivée à la Guyane, c'est-à-dire pendant le cours de la première année. Il a pour lui d'abord tous les légumes de France qu'il peut planter dans toutes les saisons. Viennent ensuite le riz et le maïs qu'il pourra récolter au bout de trois mois, et avec lesquels il élèvera facilement un grand nombre d'animaux de basse-cour. Cet immigrant n'ayant pas beaucoup de forces à sa disposition pourra, la première année, entasser plusieurs denrées dans le même carré de terre : le riz ou le maïs avec les bananiers et le cafier ou le cacaoyer.

L'époque de l'arrivée d'un immigrant à la Guyane n'est pas insignifiante : il est indispensable qu'il y arrive dans la belle saison, de juillet à novembre, pour avoir le temps de s'habituer avant la saison pluvieuse et pouvoir utiliser son temps immédiatement. C'est dans les mois d'août, septembre et octobre que les défrichements doivent s'opérer. Ceci consiste, pour le petit propriétaire, à abattre les arbres, les laisser sécher un mois environ, brûler et planter aux premières pluies de novembre.

Les cultivateurs plus aisés ajouteront à ces travaux l'extraction de la racine des arbres, de manière à pouvoir se livrer au labourage par la charrue, après avoir préalablement mis de côté tous les bois propres à la charpente et qu'ils travailleront pendant la saison pluvieuse. Le produit de ces bois payera au moins les frais de défrichement.

6° Que l'immigrant isolé ou le directeur d'une vaste plantation n'ont qu'à choisir parmi les denrées que nous avons énumérées plus haut, et ce choix dépend autant des ressources de l'entrepreneur que de la qualité des terres. Le premier aura pour lui les vivres d'abord et quelques autres denrées faciles ensuite, comme le café et le cacao, et laissera pour la grande culture le sucre, le coton, les épices, l'indigo, le thé, etc. Celle-ci n'aura que l'embarras du choix.

7° Que l'Africain est préférable à l'Indien pour les colonies françaises, puisque le premier est fort, robuste et soumis, et que le deuxième est généralement faible.

8° Que le succès est assuré aux riches compagnies qui, à l'exemple de nos voisins, monteront leurs établissements sur une grande échelle; condition, comme nous l'avons déjà dit, indispensale à la récolte des grands produits tropicaux. Le moment ne saurait être plus opportun, pendant qu'il existe encore bon nombre d'anciennes habitations qui, abandonnées *faute de travailleurs,* seraient promptement relevées.

Enfin, à ceux qui nous rappelleront encore les insuccès antérieurs de la Guyane française, nous leur citerons cette vaste entreprise de colonisation des Indes orientales, dont la réussite fut fort douteuse pendant un siècle, et qui, grâce à la persévérance anglaise, finit par triompher de tous les obstacles, et devint enfin la colonie la plus opulente du monde.

Et nous ajouterons, par conclusion, qu'on ne peut mettre en doute que la nation qui a formé l'Ile-de-France, Bourbon, la Martinique, la Guadeloupe, Saint-Domingue, la Louisiane, le Canada, etc., etc., et qui de nos jours a pu créer ce puissant crédit mobilier qui enveloppe toute la terre, ne saura pas, quand le temps sera venu, coloniser la Guyane !

Cayenne, le 10 décembre 1864.

P. CHATON.

Paris. — Imprimerie Pillet fils aîné, rue des Grands-Augustins, 5.

www.ingramcontent.com/pod-product-compliance
Lightning Source LLC
Chambersburg PA
CBHW061424060726
47597CB00003B/1131